JOVEN VALIENTE

Libros de Gary Chapman publicados por Portavoz:

5 ideas para fortalecer tu matrimonio en medio de las crisis inesperadas

Ama a tu cónyuge aun cuando quieras salir corriendo: Ayuda para matrimonios en crisis

Biblia devocional Los lenguajes del amor (editor general)

Lo que me hubiera gustado saber... ¡antes de la adolescencia de mis hijos!

Los 5 lenguajes del aprecio en el trabajo (coautor)

Casados y felices... después de tantos años (coautor)

Cuando decir "lo siento" no es suficiente (coautor)

El enojo: Cómo manejar una emoción poderosa de una manera saludable

Intentemos de nuevo

Joven valiente: ¡Vive una vida extraordinaria! (coautor)

Lo que me hubiera gustado saber... ¡antes de casarme!

Lo que me hubiera gustado saber... ¡antes de tener hijos!

Mantén vivo el amor cuando las memorias se desvanecen (coautor)

El matrimonio que siempre ha deseado

El reto de criar a tus hijos en un mundo tecnológico (coautor)

Te ve. Te conoce. Te ama. 5 verdades acerca de Dios y tu lenguaje de amor (coautor)

JOVEN VALIENTE

¡VIVE UNA VIDA EXTRAORDINARIA!

GARY CHAPMAN
& CLARENCE SHULER

EDITORIAL
PORTAVOZ

La misión de *Editorial Portavoz* consiste en proporcionar productos de calidad —con integridad y excelencia—, desde una perspectiva bíblica y confiable, que animen a las personas a conocer y servir a Jesucristo.

Traducción: Rosa Pugliese

EDITORIAL PORTAVOZ
2450 Oak Industrial Drive NE
Grand Rapids, Michigan 49505 USA
Visítenos en: www.portavoz.com

ISBN 978-0-8254-5913-9 (rústica)
ISBN 978-0-8254-6818-6 (Kindle)
ISBN 978-0-8254-7640-2 (epub)

2 3 4 5 edición / año 30 29 28 27 26 25 24 23

Impreso en los Estados Unidos de América
Printed in the United States of America

Dedicado a todos los jóvenes que están dispuestos a tomar decisiones sabias.

Contenido

Introducción

Como dos amigos que escriben juntos un libro, ambos crecimos en el mismo estado, pero vivíamos en mundos muy diferentes. Yo (Gary) nací de padres blancos. Yo (Clarence) nací de padres negros. Nuestros mundos se entrecruzaron cuando éramos jóvenes, y no hemos vuelto a ser los mismos. Nos hemos escuchado, hemos aprendido el uno del otro y cada uno ha enriquecido la vida del otro. Para decirlo de otra manera, la vida de cada uno es mejor gracias al otro.

Aunque procedemos de orígenes diferentes, en muchos aspectos somos iguales. Ambos somos consejeros, escritores y conferencistas. Cada uno de nosotros está casado y tiene hijos. Hemos guiado a nuestros hijos durante la adolescencia. Hemos viajado por el mundo, y nuestros libros han sido traducidos a varios idiomas. En resumen, ambos hemos tenido una vida extraordinaria. Nuestra definición de una "vida extraordinaria" es tomar lo que tienes y usarlo para enriquecer la vida de otros.

Creemos que puedes enriquecer el mundo. Puedes hacer que sea un lugar mejor. Algunos de ustedes pueden convertirse en excelentes músicos, atletas, educadores, médicos, líderes empresariales, etc. Puedes usar esas habilidades para enriquecer el mundo. Sin embargo, solo alcanzarás tu máximo potencial si buscas la excelencia. Es decir, si tomas decisiones sabias. A lo largo del libro hablaremos de tomar decisiones sabias, y con ello nos referimos a tener el valor de comprometerte a hacer lo que es correcto y mejor para ti, y también para quienes te rodean.

Nuestro corazón se entristece cuando estamos en nuestras oficinas de consejería y escuchamos las historias de jóvenes adultos, que tomaron malas decisiones cuando eran adolescentes, y ahora están tratando de desenredar las marañas de problemas en las que han quedado atrapados. O cuando visitamos las cárceles y hablamos con jóvenes que están allí por las malas decisiones que tomaron.

Ahora miramos hacia atrás en nuestra propia vida y nos damos cuenta de que muchas de nuestras decisiones más importantes las hemos tomado cuando éramos adolescentes. Al reflexionar sobre los cientos de individuos que hemos aconsejado a través de los años, ambos estamos convencidos de que las decisiones que se toman entre los once y dieciséis años de edad determinan, en gran medida, la calidad de vida que un hombre experimentará cuando sea adulto. Por eso estamos escribiendo este libro para los jóvenes que se encuentran en la etapa más importante de sus vidas.

Queremos ser sinceros y aclarar que, cuando hablamos de "decisiones sabias", nos estamos refiriendo a decisiones muy importantes. A través de los años hemos descubierto que las personas que vienen a nuestras oficinas para recibir consejo son, en su mayoría, personas que han tomado malas decisiones y estropearon sus vidas.

Estamos escribiendo con el profundo deseo de evitar que vayas a la oficina de un consejero o a la cárcel, ayudarte a prevenir enfermedades innecesarias, evitar que lastimes a las personas que más te aman y que te lastimes a ti mismo. En resumen, queremos que tengas una vida extraordinaria, y creemos que eso solo puede suceder si tomas decisiones sabias.

Si pudiéramos sentarnos en el banco de un parque o en una cafetería y oír tu historia, escucharíamos atentamente porque creemos que eres muy importante y que, en lo profundo de ti, está el deseo de, no solo disfrutar la vida, sino también de hacer del mundo un lugar mejor del que encontraste al nacer.

Estamos seguros de que ya has descubierto que el mundo en el que naciste es muy hostil. Las naciones se declaran la guerra. Y las personas a menudo se enfurecen y se lastiman unas a otras. Los sociólogos, que han estudiado la cultura estadounidense, la han llamado la "cultura de la polémica".[1] Para muchas personas, discutir es una forma de vida. Intentan constantemente convencer a la otra persona y dicen: "Yo tengo razón y tú estás equivocado". Si no ganan la discusión, muchas veces terminan peleados.

Estamos convencidos de que este no es el camino hacia una vida extraordinaria. Muchos de nuestros jóvenes mueren antes de llegar a la edad adulta, y muchos de ellos quedan marcados de por vida por el dolor que han experimentado. Queremos anunciar que "hay un camino mejor". Daremos a conocer de manera íntima nuestras propias experiencias de vida cuando éramos jóvenes.

También revelaremos lo que hemos aprendido al aconsejar a personas durante los últimos treinta años.

También te alentaremos a buscar un adulto de confianza al que puedas hacer preguntas mientras lees este libro. Para comenzar, tenemos un cuestionario titulado "Pregúntate" al final de cada capítulo.

Esperamos que disfrutes de lo que estás a punto de leer, pero nuestro mayor deseo es que te unas a nosotros para tomar "decisiones sabias". Nos concentraremos en once decisiones sabias para tener una vida extraordinaria.

Gary Chapman y Clarence Shuler

DECISIÓN SABIA #1

BUSCA LA SABIDURÍA DE TUS PADRES O ADULTOS DE CONFIANZA

La vida no ha sido diseñada para vivirla solos. Cuando somos jóvenes, necesitamos la sabiduría de nuestros progenitores. De lo contrario, podemos tomar decisiones basadas únicamente en nuestros sentimientos y no en hechos. O bien podemos tomar decisiones destructivas al dejarnos convencer por las palabras de hombres malos que buscan esclavizarnos para su propio placer. Los traficantes de drogas y los líderes de pandillas, que ofrecen diversión y emoción, conducen a miles de jóvenes por un camino adictivo, pero estas promesas nunca están basadas en la verdad. Las adicciones son siempre destructivas.

En el plan original, cada niño tendría un padre y una madre que se amarían y apoyarían mutuamente, y criarían a sus hijos con amor y sabiduría. Cuando se sigue este plan, generalmente, los chicos crecen y llegan a ser adultos responsables y diligentes que trabajan para mejorar el mundo. Esto solo podría parecerte totalmente lógico, pero además hay un gran número de investigaciones que lo respaldan, como verás.

Sin embargo, muchos niños han visto divorciarse a sus padres. Incluso buenos padres, que aman profundamente a sus hijos, no siempre pueden protegerlos de los conflictos en el hogar. El Dr. William Pollock, psicólogo de Harvard, descubrió que, cuando el padre ya no está en casa, el hijo a menudo sufre de falta de disciplina y supervisión, y no recibe el ejemplo de lo que significa ser un hombre.[1]

Otros niños nunca han conocido a sus padres porque nunca se casaron con sus madres. Miles de niños crecen en hogares sin padres.[2] Muchos de estos nunca conocerán a sus padres ni tendrán la experiencia de sentirse amados por ellos. Según el Centro Nacional para Niños en Pobreza, los jovencitos sin padres tienen "dos veces más probabilidades de abandonar la escuela", "dos veces más probabilidades de terminar en la cárcel" y cuatro veces más probabilidades de necesitar tratamiento por problemas emocionales y de comportamiento en comparación con los jovencitos que sí tienen al padre.[3]

En un informe sobre un importante estudio que analiza la calidad de vida de los niños en prácticamente todos los vecindarios de este país, el columnista del *New York Times*, David Leonhardt, señala que el segundo predictor más importante de la calidad de vida (después del ingreso familiar) es la participación del vecindario en las familias monoparentales. "Es notable que la estructura familiar parece tener un efecto muy grande, en especial, sobre los varones", afirma Leonhardt.

Por lo general, las madres, las abuelas, las tías o, a veces, los padres adoptivos son los que crían a los hijos en estas familias monoparentales. Por eso creemos firmemente que cada chico necesita tener un padre o un padre sustituto en su vida. Alguien ha dicho: "Vincula a un niño al hombre correcto, y casi nunca se equivocará". Queremos que encuentres al "hombre correcto". Por eso el título de este capítulo es "Busca la sabiduría de tus padres o adultos de confianza".

Cuando somos niños, no elegimos a nuestros padres. Deseamos que todos los niños puedan tener un padre y una madre que se amen y se comprometan a amar y enseñar a sus hijos. Por eso, como consejeros, hemos dedicado nuestras vidas a enseñar a las parejas a amarse y apoyarse mutuamente, y a dar a sus hijos el ejemplo de un buen matrimonio.

Cuando eras pequeño, tu padre y tu madre, o alguien que ocupaba el lugar de tus padres, tomaban las decisiones por ti. Determinaban lo que comías y bebías. Decidían qué ropa usabas. Te proporcionaban la cama donde dormir. A medida que fuiste creciendo, comenzaron a permitirte tomar algunas decisiones. Te hacían preguntas como: "¿Quieres ver una película o jugar a la pelota?". Te daban la posibilidad de decidir entre opciones seguras. Ahora que eres mayor, tus padres no siempre están contigo, sino que tomas solo muchas decisiones.

La pregunta es: ¿tomarás decisiones sabias? Por eso escribimos este libro. Queremos que tomes decisiones sabias, decisiones que te ayuden a tener una vida extraordinaria. Cuando eres pequeño, necesitas la sabiduría de las personas adultas. Si necesitas encontrar una dirección en una ciudad donde has vivido poco tiempo, sería absurdo pensar que podrías encontrarla mejor por tu propia cuenta que si estuvieras con alguien que ha vivido allí durante años. Si vives con tu padre y tu madre, ellos pueden ser tu fuente de sabiduría. No son perfectos, pero es probable que sepan más que tú sobre la vida.

Si no tienes un padre en el hogar, ¿cómo encuentras un hombre de confianza? Sugerimos que, antes que nada, hables con tu madre o tu abuela. Quizás conozcan a alguien de confianza que pueda ser un ejemplo positivo para ti. Puede ser tu tío, tu abuelo o algún otro miembro de la familia. El segundo sitio donde puedes encontrar un hombre responsable es en la iglesia. Muchos hombres que asisten regularmente a la iglesia han tomado decisiones sabias en sus propias vidas, y estarían dispuestos a ayudarte a tomar decisiones sabias en tu vida. Nuevamente, te sugerimos que pidas a tu madre que te ayude a encontrar un hombre de tu familia o tu iglesia. (Unas palabras para las madres que pueden estar leyendo esto: pidan que siempre hagan una verificación de antecedentes a cualquier persona que consideren un posible mentor para sus hijos). Otra fuente es una organización llamada Big Brothers. Esta organización busca hermanar hombres adultos responsables con jovencitos que necesitan un hombre sabio en sus vidas.

Leer y conversar sobre este libro con tu padre, padre sustituto o adulto de confianza, te ayudará a tomar decisiones sabias y, por lo tanto, te ayudará a tener una vida extraordinaria.

Yo (Clarence) tuve la bendición de tener un padre. En mis primeros años, mi padre me enseñó la importancia de trabajar duro y llegar siempre de forma puntual. Me mostró cuán fundamental es para un hombre proveer para su familia, sin importar el sacrificio personal que deba hacer como padre. Aprendí a tratar a una mujer al ver cómo mi padre trataba a mi madre. Él sonreía cuando ella lo llamaba "amorcito". Me enseñó el compromiso matrimonial, porque nunca abandonó a mi madre. Mamá siempre decía: "Tu papá es un buen hombre". Realmente, debe haberlo sido porque nunca se volvió a casar después de su muerte.

Una de las cosas que recuerdo que mi padre decía es: "No importa cuán rico o pobre sea un hombre, si mantiene su palabra sabes qué tipo de hombre es". Papá era un hombre de pocas palabras. Nunca me dijo "te amo, hijo". A menudo desearía haber escuchado esas palabras. Raras veces, si alguna vez, me elogió por mis logros. Cuando tenía quince años, formé parte del equipo All-Star en un campamento de baloncesto de Wake Forest University, y gané un trofeo por ejecutar el mayor porcentaje de tiros libres en mi grupo de edad, por lo cual recibí una gran ovación de los otros campistas. Papá no dijo nada, excepto: "¿Quieres una Coca-Cola?". Una vez me quejé con mi mamá porque mi padre no me amaba. Ella me explicó que papá me amaba, pero que su padre nunca le había dicho que lo amaba, y me dijo: "Es difícil para tu padre decirte algo que nunca escuchó de su padre". Mamá continuó: "Tu padre está muy orgulloso de ti, pero no sabe cómo decírtelo". Esas palabras de mi madre fueron como música para mis oídos, y sentí que eran verdad. Aun así, **luego me prometí a mí mismo que, si alguna vez me casaba y tenía hijos, les diría constantemente que los amo.** Ahora tengo tres hijas y les digo todos los días que las amo. Papá no fue perfecto. No quiero repetir algunos de sus hábitos, pero aun así estoy agradecido de que fuera mi padre. Murió cuando yo tenía veinte años.

Mi papá sustituto

Cuando tenía catorce años, conocí a Gary Chapman, que trabajaba como director de actividades juveniles en una iglesia local. Mi amigo James y yo asistimos a una actividad juvenil en un gimnasio que era propiedad de la iglesia. Gary me contactó al entrar en la cancha de baloncesto, que no era su zona de confort. Sin embargo, no venía a impresionarme con sus destrezas para el baloncesto. Venía a mi encuentro. Comencé a asistir a las reuniones semanales de jóvenes y a escuchar a Gary enseñar, pero lo que más me impresionó fue el interés personal que mostró por mí. Sentí que realmente se preocupaba por mí y mi vida. Fue la primera persona, fuera de mi familia inmediata, que expresó interés personal por mi vida. No sabía por qué, pero me hizo sentir bien que un hombre adulto se interesara por mí. Sentí que era el joven más afortunado del mundo porque entre los catorce y los veinte años tuve dos padres. Después que mi padre murió, Gary se convirtió en mi figura paterna y, desde entonces, ha sido como un padre para mí.

Ir a la universidad requería mudarme de Carolina del Norte a Chicago, Illinois. Incluso con semejante distancia entre nosotros, sabía que siempre podía contar con Gary. Nos mantuvimos en contacto, y él me ayudó con mis gastos universitarios. Cuando me casé, le pedí que fuera mi padrino. Mis hijas ahora lo consideran su abuelo, y él las trata como a sus nietas.

Ahora sabes por qué creo firmemente que cada joven debería tener un padre o un hombre de confianza en su vida. **Necesitamos la sabiduría de los hombres mayores.**

Yo (Gary) fui uno de los afortunados en tener un padre y una madre casados durante sesenta y dos años. Se amaban uno al otro y nos amaban a mi hermana y a mí. Nos llevaban a la iglesia todos los domingos. Se aseguraban de que tuviéramos la oportunidad de participar en las actividades juveniles durante la semana. Mi padre no solo asistía a la iglesia, sino que buscaba vivir las enseñanzas de Jesús. Creía que su rol como padre era amar, sustentar y alentar a su esposa, y amar, sustentar y alentar a sus hijos. Más allá de la familia, era un hombre activo en la comunidad y dedicaba su tiempo, energía y dinero a la vida de otras personas. Mi papá me enseñó a alimentar a las gallinas, a plantar y cultivar un jardín, a cortar el césped y los arbustos y a andar en bicicleta.

Papá trabajaba en una fábrica textil; hacían toallas, sábanas y fundas de almohada. La fábrica funcionaba las veinticuatro horas del día. Algunas personas iban a trabajar a las 7 de la mañana y terminaban a las 3 de la tarde. Un segundo grupo de personas iba a trabajar a las 3 de la tarde y terminaba a las 11 de la noche. Un tercer grupo iba a trabajar a las 11 de la noche y trabajaba toda la noche hasta las 7 de la mañana. Mi papá eligió trabajar en el tercer grupo, porque quería estar en casa todas las tardes cuando saliéramos de la escuela. Así que trabajaba toda la noche, dormía durante el día y se levantaba por la tarde para estar con nosotros por la tarde y por la noche. En ese momento, no reconocía el sacrificio que estaba haciendo, pero, al mirar atrás, estoy profundamente agradecido de que hubiera decidido pasar tiempo con mi hermana y conmigo.

Cuando me casé y tuve un hijo y una hija, trabajaba en la planta de personal de una iglesia, primero como líder juvenil y luego como consejero. Supongo que no te sorprendería saber que organizaba mi horario para estar en casa por la tarde cuando mis hijos llegaran para pasar esas horas con ellos todos los días. Desearía que cada joven tuviera un padre con tanta devoción. Sin embargo, **soy plenamente consciente de que muchos jóvenes no tienen un padre así.** Por eso, Clarence y yo estamos tan convencidos de que cada joven que no tiene un padre en el hogar necesita un hombre sabio en su vida. Es posible que otro hombre no pueda pasar tanto tiempo contigo como podría hacerlo un padre que viva en tu casa, pero puede enseñarte habilidades, estar allí para verte jugar un deporte o tocar música, escucharte cuando necesites hablar con alguien y ayudarte a tomar decisiones sabias. **No es tu**

culpa que no tengas un padre que viva contigo; pero es tu responsabilidad hablar con tu madre, abuela o persona adulta con quien vivas y permitir que te ayuden a encontrar a un hombre de confianza que pueda transmitirte su sabiduría.

Lo que hemos aprendido de nuestros padres y otras personas sabias

- Siempre haz lo que dices que harás.
- Reconoce a cada individuo como importante y merecedor de tu tiempo y energía.
- Recuerda que la vida no se trata de fama o dinero, sino de usar tus habilidades para ayudar a otros.
- Ama a las personas incluso cuando te fallen.
- Pon a Dios primero y busca obedecer las enseñanzas de Jesús.
- No sientas lástima de ti mismo.
- Nunca olvides que eres responsable de tus decisiones y que debes asumir las consecuencias.
- Di siempre la verdad.

Estos son los tipos de cosas que un joven aprende de un padre amoroso u otra persona sabia. Al final de cada capítulo, hay una lista de preguntas que puedes hacerte, para ayudarte a comprender mejor cada decisión y sus consecuencias en tu vida. Queremos alentarte a que no solo te hagas esas preguntas, sino que también converses sobre ellas con tu padre, padre sustituto o adulto de confianza. Recuerda: ¡la vida no ha sido diseñada para vivirla solos!

PREGÚNTATE...

1. **¿Cómo describirías tu relación con tu padre, si tienes acceso a él? ¿Qué aprecias de él?**
2. **¿Qué cosas crees que harás diferente a tu padre?**
3. **Si tu padre es un padre ausente, ¿cómo te sientes acerca de él y por qué?**
4. **¿Cómo describirías tu relación con tu madre?**
5. **¿Qué cosas te gustaría aprender de tu padre u otro hombre?**
6. **¿Qué tipo de padre te gustaría ser?**

DECISIÓN SABIA #2

BUSCA EL CONOCIMIENTO A TRAVÉS DE LA EDUCACIÓN

¿Alguna vez has escuchado el antiguo dicho "el conocimiento es poder"? Es verdad. No estamos hablando de poder para gobernar a otras personas, sino de poder para ayudar a las personas. El verdadero propósito del conocimiento es hacer del mundo un lugar mejor del que encontraste. Cuanto más aprendas, mayor será la influencia que tendrá tu vida. Si aprendes qué hacer cuando te muerde una serpiente venenosa, tendrás el conocimiento que pueda salvar la vida de tu amigo cuando estés acampando en el bosque. El conocimiento marca toda la diferencia.

En mi casa (Clarence), estudiar no era una opción. ¡Era la ley, y mis padres eran la policía educativa! Veían la educación como la forma en que mi hermana mayor, Jean, y yo escapáramos de la pobreza que sentían que estábamos experimentando como familia.

Sin embargo, cuando tenía diez años, la escuela no era mi idea de diversión. Quería correr, explorar el bosque detrás de mi casa, jugar a la pelota, cualquier otra cosa que no fuera ir a la escuela. Sentarme en un escritorio y escuchar a un profesor era terriblemente aburrido para mí. Jean, que era una estudiante sobresaliente, junto a mis padres que siempre me comparaban con ella, no me hicieron la vida más fácil. Esperaban que fuera sobresaliente en todas las clases porque Jean lo era. No me molestaba Jean, pero siempre me molestaba que me compararan con ella. Quería que me aceptaran por lo que yo era, así que comencé a tomar algunas malas decisiones, que te contaré más adelante.

Otro niño de diez años que al principio sintió lo mismo que yo sobre la educación es el Dr. Ben Carson. Ahora es un neurocirujano reconocido internacionalmente y sirve a nuestro país como Secretario de Vivienda y Desarrollo Urbano. El Dr. Carson recuerda que, en quinto grado, su maestro y sus compañeros de clase daban por sentado que no acertaría ni una pregunta en sus exámenes. También tenía mal genio y, a menudo, peleaba, incluso a veces con su propia madre. Un domingo, al asistir a la iglesia, escuchó hablar de un médico misionero, y eso se convirtió en su sueño. Quería aprender para ayudar a los demás. Quería ser médico.

La madre del Dr. Carson, que era madre soltera, cambió su vida. Debido a su bajo rendimiento escolar, tuvo que pagar las consecuencias de sus decisiones. Su madre apagó el televisor y comenzó a pedirle que leyera libros y escribiera informes sobre lo que leía. Al principio se resistió a hacer eso y prefería jugar con sus amigos. Luego descubrió que los libros lo llevaban a lugares donde su pobreza no le permitía ir. Entonces comenzó a viajar por el mundo a través de la lectura. Uno de sus primeros libros fue *De esclavo a catedrático: autobiografía de Booker T. Washington,* quien nació como esclavo y, aun así, aprendió a leer. A través del conocimiento, mejoró sustancialmente la vida de miles en su generación.

El Dr. Ben Carson, que también es afroamericano, razonó que, si Booker T. Washington pudo hacerlo, él también podría. De repente, leer se volvió entretenido. El Dr. Carson leía sobre animales, ciencias, matemáticas, tecnología, música y muchas otras materias. Se graduó de la escuela secundaria con honores, fue a la Universidad de Yale y luego a la facultad de Medicina. A los treinta y dos años se convirtió en Director de Neurocirugía Pediátrica del Centro Johns Hopkins en Baltimore, Maryland. El Dr. Carson recibió la Medalla Presidencial de la Libertad. Ha escrito libros y dictado conferencias para dar a conocer la historia de su éxito. Él dice: "Tienes la posibilidad de forjar tu propio destino, si estás dispuesto a dedicar la cantidad de tiempo y esfuerzo suficientes. ¡Y a pensar en grande!". El Dr. Carson también dijo: "Dios ha dado a todos al menos un talento. El éxito es tomar los talentos que Dios te ha dado y usar todo eso para enriquecer la vida de otras personas". Creemos que puedes disfrutar de leer la historia de su vida en el libro titulado: *Manos consagradas: la Historia de Ben Carson.*[1]

La estrategia fundamental para adquirir conocimiento es aprender a leer. La madre del Dr. Carson lo colocó en el camino del éxito al exigirle que leyera dos libros por semana y que le entregara un informe escrito de lo que había aprendido de esos libros. Puesto que estás leyendo este libro, suponemos que sabes leer. La pregunta es: *¿Estás* leyendo? **¿Estás llenando tu**

mente de conocimiento mediante la lectura de buenos libros? Al final del capítulo, sugeriremos diez libros que creemos que todo joven debería leer antes de cumplir los dieciocho años.

Te instamos, sobre todo, a que aprendas a leer. Busca oportunidades disponibles en tu escuela o comunidad donde puedas aprender a leer. Nada es más crucial para tu futuro que desarrollar la capacidad de leer.

Cuando mi hermana (Gary) Sandra y yo éramos pequeños, nunca se nos pasó por la cabeza abandonar la escuela secundaria. Mi padre terminó el octavo grado y luego dejó la escuela para trabajar en la granja. Mi madre abandonó la escuela en el undécimo grado para trabajar en una fábrica textil y ayudar a mantener a su familia. Sin embargo, insistieron en que mi hermana y yo siguiéramos estudiando.

Cuando terminé la escuela secundaria, tenía tanta sed de conocimiento que fui a la universidad. Después de terminar la universidad, continué estudiando para obtener una maestría, y después de la maestría tuve la visión de enseñar en un campus universitario y supe que necesitaba un doctorado. Así que terminé mi doctorado a los veintisiete años. Recibí mi doctorado y he estado enseñando dentro y fuera del campus universitario durante muchos años. Mi campo de interés elegido ha sido el matrimonio y las relaciones familiares, y eso es lo que me ha motivado a unirme a Clarence para escribir este libro.

Creo que el deseo profundo de la mayoría de los jovencitos es algún día ser adultos, casarse, tener hijos y ser un esposo y padre responsable. Creo que es posible, y que las decisiones que tomes entre los once y dieciséis años de edad afectarán profundamente tu capacidad de alcanzar esa meta. **Si tomas las decisiones sabias que estamos abordando en este libro, estarás bien encaminado hacia una vida extraordinaria.**

(Clarence) Mi experiencia educativa no fue tan fácil como la de Gary. Mientras asistía a escuelas predominantemente negras, con maestros negros que me educaban, era un estudiante promedio. Sin embargo, cuando la integración me obligó a asistir a una escuela predominantemente blanca durante mis años de escuela secundaria, con maestros blancos que no parecían interesados en mí como estudiante, mis calificaciones bajaron drásticamente. Casi no me gradúo de la escuela secundaria. Imaginaba que mi boleto para escapar de la pobreza era el baloncesto. Pensaba que tenía una beca de baloncesto "automática" en una universidad, pero el entrenador de la universidad consiguió un trabajo de entrenador en la NBA y se fue, y también lo hizo mi beca automática.

Sin embargo, sorprendentemente, me aceptaron en una universidad. Jugué al baloncesto, pero esta universidad no ofrecía becas de baloncesto. Debo admitir que estaba mucho más interesado en el baloncesto que en estudiar. Al final del primer semestre de mi último año, abandoné la universidad. Pasé de ser un jugador de baloncesto estrella, perteneciente al grupo popular, capaz de salir con cualquier chica de la escuela y tener dinero, a estar sin hogar y sin dinero en menos de una semana. Todo porque me negué a estudiar y no pensé cuidadosamente en mi futuro. Tomé una decisión insensata.

Puesto que sabía que mi madre, ahora madre soltera, no podía mantenerme, no le dije que había abandonado los estudios. De hecho, no se lo dije a nadie. Estaba muy avergonzado. No sé cómo se enteró Gary, pero un día llamó al departamento de mi amigo Johnny, quien me había ofrecido una cama para dormir. Gary pidió hablar conmigo, pero me negué. Gary dijo a Johnny que, si yo no hablaba con él, se subiría a un avión y estaría allí al día siguiente. Entonces hablé con Gary. Me dijo que estaba decepcionado, pero que seguía creyendo en mí; que no era el fin del mundo; que saldría adelante y que no estaba solo. Fue bueno saber que alguien todavía creía en mí, porque yo no creía en mí mismo.

Traté de conseguir un trabajo como conserje en la universidad donde había estudiado, pero me rechazaron. Mi amigo se estaba mudando, así que tuve que irme también, y otra vez me quedé sin hogar por un tiempo. Johnny me ayudó a conseguir un lugar donde quedarme y trabajar en el Centro de Jóvenes Evangélicos de Chicago, donde un hombre llamado CoCo, veterano de la guerra de Vietnam y ahora conserje, me regaló un colchón, y dormí en un vestuario que no se utilizaba.

Más adelante, acepté una beca de baloncesto en otra universidad y terminé mi licenciatura. Con la gracia de

Dios y el aliento y la ayuda de Gary, obtuve una maestría y, finalmente, recibí un doctorado honorario. Desde entonces he dedicado mi vida a ayudar a otros a descubrir el significado de la vida y adquirir conocimiento a través de la educación.

Creo que, en la vida, todos tenemos al menos una oportunidad de alcanzar el éxito. En la mayoría de los casos, habrá varias posibilidades de éxito, pero tenemos que aprovechar tales oportunidades cuando lleguen. Terminar tus estudios secundarios e ir a la universidad son dos de las oportunidades que están a tu alcance. Te insto a tomar la sabia decisión de buscar el conocimiento a través de la educación.

Buscar una buena educación parece no alentarse en algunas comunidades de hoy, en especial entre los chicos. Algunos dicen: "La educación no sirve para hacerse hombre. Debes ser el chico popular, que pertenece a la pandilla de jóvenes". Sin embargo, la mayoría de los individuos que promueven esta mentalidad a menudo no tienen una educación secundaria. Entonces no pueden dar una opinión informada. Simplemente, están tratando de impedir que los demás estudien, y usarlos como títeres para sus propios intereses.

¿Quieres pruebas? Lo que la pandilla parece no conocer es la siguiente investigación. La Oficina de Trabajo y Estadísticas encontró que las ganancias semanales de un desertor de la escuela secundaria (si puede conseguir un trabajo) son de 554 dólares, comparado a 726 dólares para un graduado de secundaria y 1.310 dólares para un graduado universitario.[2] La educación parece ser, al menos, una inversión financiera eficaz.

Además, según la Oficina de Trabajo, los graduados experimentan una probabilidad considerablemente mayor de obtener empleo. La tasa de desempleo de 2017 de las personas sin diploma de escuela secundaria fue del 7,7% en comparación con el 5,3% de las personas que tienen un diploma de escuela secundaria; la tasa de desempleo para los graduados universitarios fue de 2,5%.[3]

El Centro de Estudios del Mercado Laboral de Northeastern University publicó un informe[4] que muestra que los residentes de Chicago de dieciocho a treinta y cuatro años sin diploma tienen más problemas familiares y relacionales, que aquellos que se gradúan. Este estudio también mostró que los desertores enfrentan una probabilidad mucho mayor de ir a la cárcel que sus pares graduados. Los hombres tienen una tasa de encarcelamiento particularmente alta del 15% en comparación con el 2% de las mujeres no graduadas. El desempleo, la escasez financiera, la falta de acceso y la poca confianza son algunos de los factores que contribuyen a las tasas más altas de actividad delictiva entre los no graduados.

Entonces, ¿por qué hablamos de todo este conocimiento sobre la educación, el empleo y los ingresos? Para hacer una sincera súplica:

¿Piensas abandonar tus estudios? ¡No lo hagas!

Cuando abandonas la escuela, al final descubres que es mucho peor estar fuera de la escuela. Al principio, puede ser divertido, pero en unas pocas semanas enfrentarás la realidad y comenzarás a experimentar limitaciones en tu vida debido a la falta de educación. Estas son las razones de abandonar la escuela que los jovencitos y las jovencitas nos han dado:

- No me gusta la escuela en general o la escuela a la que asisto.
- Me va mal. Tengo malas calificaciones y no puedo seguir el ritmo del trabajo escolar.
- No me llevo bien con mis maestros.
- Me suspendieron o me expulsaron.
- No me sentía seguro/a en la escuela.
- Conseguí un trabajo, y no podía estudiar y trabajar al mismo tiempo.
- Me casé o quedé embarazada.
- Tuve un problema de drogas y alcohol.

Comprendemos a los jóvenes que se sienten así. Sin embargo, creemos que hay adultos que quisieran ayudarte y trabajar contigo para resolver estos problemas. Esperamos que tengas un padre u otro hombre con quien puedas hablar sobre estas cosas; un hombre que pueda ayudarte a encontrar el camino hacia el éxito. **No es un signo de debilidad buscar ayuda. Es un signo de fortaleza.** No intentes resolver tu situación por tu cuenta, pero trata de no abandonar los estudios.

En muchos sentidos, permanecer en la escuela es una decisión que te beneficiará durante toda la vida. Luchar por algunos años valdrá la pena para poder tener opciones profesionales más adelante. Si tú, como yo (Clarence), crees que tu boleto para salir de la pobreza es practicar deportes profesionales, permíteme recordarte que el porcentaje de atletas de secundaria que llegan al nivel profesional es inferior al 1%. Digo esto no para desanimarte, sino para enfatizar que las posibilidades de que tus sueños se hagan realidad aumentan al asistir a la universidad.

Un beneficio obvio de la universidad es que maduras físicamente. Cuando practiques deportes profesionales, jugarás con jóvenes adultos que son física y mentalmente maduros. Del mismo modo, cuanto más maduro seas física y mentalmente, más probable es que tengas éxito. Si no aprovechas la educación, estás limitando involuntariamente tus opciones de alcanzar el éxito y la realización en el futuro. Si no te va bien en la escuela, no significa que no puedas lograrlo o que es demasiado tarde. **Nunca es demasiado tarde para hacer algo bueno.** Lograr objetivos requiere trabajo. No te engañes al pensar que, si ahora tienes malas calificaciones escolares, no puedes mejorar. Hay maestros y tutores dedicados, que pueden ayudarte, o incluso compañeros de estudios que estarían dispuestos a ayudarte, si estás dispuesto a pedir ayuda.

Después de abandonar la universidad, yo (Clarence) asistí a la escuela nocturna para mejorar mis calificaciones. Fue vergonzoso, pero mejoré mis calificaciones, y otra universidad me ofreció una beca de baloncesto. **Nunca eres demasiado torpe para tener éxito; pero, a veces, si puedes ser demasiado temeroso, perezoso u orgulloso.** ¿Recuerdas al Dr. Ben Carson en quinto grado? El Dr. T. D. Jakes a menudo dice: **"Ganarás si no renuncias".** Esto es universalmente cierto sobre la educación y la vida. La decisión de buscar el conocimiento a través de la educación es tuya. Esperamos que seas valiente y tomes esta sabia decisión (¡y sigas leyendo!).

PREGÚNTATE...

1. **¿Cómo te sientes con respecto a la escuela y por qué?**
2. **¿Tienes dificultades en la escuela? ¿Qué te resulta difícil?**
3. **¿Cómo te sientes de pedir ayuda a un maestro o compañero de clases? ¿Por qué te sientes así ante la idea de pedir ayuda académica?**
4. **¿Cuál es la actitud de tus padres u otros adultos con respecto a que recibas una educación de calidad? ¿Qué piensan tus amigos sobre la escuela?**

5. **¿Te cuesta estudiar y hacer las tareas escolares en casa?**

6. **En este momento de tu vida, ¿sueñas con algo que te gustaría lograr? ¿De dónde proviene ese sueño?**

Haz algo

- Mira un programa de televisión menos o juega un juego menos por noche o por semana, y dedica ese tiempo a leer un libro como lo hizo el Dr. Ben Carson.
- Haz ejercicio físico a diario: caminar, correr, practicar deportes, etc.
- Trabaja para administrar tu tiempo: responsabilidades en casa, tareas escolares, practicar deportes, actividades en línea y tiempo para leer.
- Si aún no tienes un sueño, continúa leyendo sobre la vida de grandes hombres, y es probable que tu sueño se haga realidad.

Libros sugeridos que creemos que disfrutarás

Manos consagradas: la historia de Ben Carson
de Cecil Murphey

De esclavo a catedrático: Autobiografía de Booker T. Washington
de Booker T. Washington

Winning the Race to Unity: Is Racial Reconciliation Really Working?
de Clarence Shuler

Cartas del diablo a su sobrino
de C. S. Lewis

Los 5 lenguajes del amor para jóvenes
de Gary Chapman y Paige Haley Drygas

El enojo: cómo manejar una emoción poderosa de una manera saludable
de Gary Chapman

Cómo ganar amigos e influir sobre las personas
de Dale Carnegie

Martin Luther King Jr., On Leadership: Inspiration and Wisdom for Challenging Times
de Donald T. Phillips

El caso de Cristo para niños; *El caso de Cristo, edición estudiantil*
de Lee Strobel

Haz cosas difíciles: una rebelión adolescente contra las bajas expectativas
de Alex Harris

DECISIÓN SABIA #3

HAZ QUE LA TECNOLOGÍA SEA ÚTIL PARA TI

Si has estudiado historia, sabes que hubo un tiempo en los Estados Unidos cuando no había automóviles, autopistas, aviones, teléfonos, luz eléctrica en las casas, ni televisión y, desde luego, no había computadoras ni teléfonos inteligentes. ¡Piensa en cómo debe haber sido la vida! Sin embargo, en aquellos días hubo jóvenes que tomaron las sabias decisiones que estamos abordando en este libro. Por otro lado, hubo jóvenes que tomaron malas decisiones y desperdiciaron sus vidas en actividades irreflexivas y comportamientos destructivos. En cada generación, hay chicos que crecen y hacen del mundo un lugar mejor, y otros que dejan un rastro de dolor debido a sus malas decisiones.

En este libro, te estamos animando a tomar decisiones sabias. En este capítulo veremos una dificultad que las generaciones anteriores nunca tuvieron que enfrentar: la tecnología. Todo comenzó cuando Thomas Edison inventó la bombilla eléctrica. Más tarde, desarrolló un sistema de generación y distribución de energía eléctrica a hogares, empresas y fábricas, un desarrollo crucial en el mundo industrial moderno. No más velas y lámparas de aceite. Ahora cada joven podía leer un libro por la noche, porque una bombilla eléctrica colgaba del techo de su habitación.

Luego Edison desarrolló el fonógrafo donde se podía grabar música y discursos, y reproducir en una máquina. Posteriormente, vino la película cinematográfica.

A partir de este fundamento, hemos visto una explosión tecnológica. Primero hubo películas mudas sin color en la pantalla. Todas las escenas eran en blanco y negro. Luego vino el sonido, y luego, el color. Los cines prosperaron en todo el país. Y después vino la televisión. Antes de la televisión, las familias se sentaban alrededor de la radio a escuchar música o radioteatros por la noche. Los sábados, yo (Gary) iba a la casa de mi tío para ver televisión porque él era el único de la comunidad que tenía una. Sé que es difícil de imaginar en el mundo de hoy cuando prácticamente en todas las casas hay una televisión. Los programas de noticias nocturnas nos ofrecían la posibilidad de ver y escuchar lo que sucedía en todo el mundo mientras estábamos sentados en la sala de estar de nuestra casa. Aún no existían las computadoras ni los teléfonos celulares. Eso vendría después.

Ahora el mundo está lleno de computadoras de escritorio, computadoras portátiles, tabletas, teléfonos inteligentes... Con estos nuevos descubrimientos tecnológicos, ahora podemos ver competencias deportivas, escuchar música, ver películas, buscar información, enviar y recibir mensajes de nuestros amigos, incluso fotos y videos a cada momento del día. Sí, es un mundo intrépido y nuevo. Las cosas son radicalmente distintas para tu generación. Lo más probable es que no recuerdes un momento en tu vida sin mensajes de texto ni redes sociales; pero este es tu mundo, y en él tomarás decisiones sabias o insensatas. Esperamos que tomes buenas decisiones sobre la tecnología: que tú controles la tecnología y no dejarte controlar por ella.

A través de la tecnología, tienes acceso al mundo, tanto a lo bueno como a lo malo. Puedes usar tu tiempo para entretenerte con deportes, música y videojuegos. O puede usar tu tiempo para aprender lecciones del pasado y soñar en maneras de hacer del mundo un lugar mejor en el futuro. No hay nada malo con los deportes, la música y los videojuegos. Un poco de entretenimiento es bueno para nosotros, pero, si te obsesionas con estos aspectos de la tecnología, te perderás las cosas más importantes de la vida.

En otros países del mundo, esta obsesión con el entretenimiento ha llevado a lo que comúnmente se llama ciberadicción. En China, Taiwán y Corea del Sur, hasta el 30% de las personas puede ser adicta a Internet.[1] Cuando los jóvenes son adictos a los videojuegos, no pueden resistir la necesidad de jugar, aunque eso interrumpa su alimentación, sus horas de sueño y sus tareas escolares e incluso su relación con familiares o amigos. Esperamos que no caigas en este tipo de adicción.

El cuerpo y el cerebro humanos necesitan tiempo para relajarse, tiempo para hacer ejercicio físico, para dormir y hablar con familiares y amigos. El neurocirujano Ben Carson, a quien ya conocimos anteriormente, dijo una vez: “No dejes que nadie te convierta en esclavo.

Eres un esclavo si dejas que los medios te digan que los deportes y el entretenimiento son más importantes que desarrollar tu cerebro".[2] Tu cerebro tiene millones de células que esperan que las nutras y las desarrolles. Tú eliges con qué alimentar tu cerebro.

Saca el máximo provecho de la tecnología

Entonces, ¿cómo utilizar la tecnología para enriquecer tu vida y ayudarte a alcanzar tu potencial para el bien del mundo? Esperamos que esta sea una pregunta sobre la que puedas conversar con tu mamá o tu papá. Sin embargo, nos gustaría hacer las siguientes sugerencias.

Usa Internet para encontrar información al instante. ¿Quieres saber cuándo vivió Thomas Edison? Busca en Google su nombre e, inmediatamente, encontrarás no solo los años en que vivió sino también sus logros. ¿Te gustaría saber cuándo se inventó la bombilla eléctrica o cuándo se inventó la primera computadora? Busca esas palabras en Google y podrás averiguarlo de inmediato. ¿Tienes preguntas sobre automóviles, trenes, aviones o motocicletas? En un instante puedes obtener toda la información que desees sobre estos temas en Internet. Cuando teníamos tu edad y sentíamos curiosidad sobre estos asuntos, teníamos que ir a la biblioteca pública y buscar estos temas en el catálogo de tarjetas para encontrar los libros que respondieran nuestras preguntas.

En el mundo de hoy, esta información está disponible con la sola presión de algunos botones o con preguntas de voz a tu teléfono inteligente. Vives en un mundo increíble de información instantánea. Usa la tecnología para obtener información sobre prácticamente cualquier tema de tu interés. Puedes ser la persona más inteligente de tu escuela con tan solo hacer uso de la vasta información disponible en Internet. ¿Cómo hacen las abejas la miel? ¿Cuántos de tus amigos pueden responder esa pregunta? Puedes averiguarlo rápidamente en Internet.

Usa Internet para ayudarte con las tareas escolares. Nunca te conformes con leer solo el material asignado o resolver el problema matemático asignado. Conéctate en línea e intenta aprender algo más sobre el tema o problema matemático asignado. **Ve más allá de lo que se espera.** No aspires solo a aprobar, aspira a ser el mejor. Esto es mucho más productivo que solo consumir más entretenimiento en la televisión o en tu computadora. Thomas Edison dijo: "Si hiciéramos todas las cosas de las que somos capaces, literalmente, nos sorprenderíamos".[3] Durante estos años, tu cerebro es capaz de procesar más de lo que puedes imaginar. No mates de hambre tu cerebro. No veas tus tareas escolares como un deber ni como un requisito, sino como una aventura de aprendizaje.

Usa el teléfono celular para mantenerte en contacto con tus familiares y amigos. Por lo general, el teléfono celular es el primer paso para ingresar al mundo de los teléfonos móviles. No es más que un teléfono portátil que puede hacer y recibir llamadas a través de un enlace de radiofrecuencia mientras el usuario se mueve dentro de un área de servicio celular. En las primeras etapas de desarrollo no había teléfonos inteligentes, solo teléfonos celulares. Antes del teléfono celular no se podían hacer llamadas desde un lugar abierto o en la acera. Tenías que estar dentro de la casa y hablar por medio de un teléfono conectado a las líneas telefónicas que estaban fuera de la casa.

Los teléfonos celulares fueron un gran avance en las comunicaciones. Seguramente, tus padres ya han tomado la decisión de darte un teléfono o no hacerlo. Los padres difieren en la edad conveniente para que sus hijos tengan un teléfono. Esta es decisión de los padres, porque hay un cargo mensual por usar un teléfono celular, y la mayoría de los chicos de tu edad no tienen un ingreso que les permita pagar las tarifas mensuales. Por lo tanto, debes respetar la decisión de tus padres.

Sin embargo, si tus padres te han dado un teléfono celular, puedes utilizarlo para mantenerte en contacto. Diles dónde estás y cómo estás. Si estás en problemas, usa tu teléfono celular para llamar a tus padres. Cuando tienes un teléfono celular, tus padres tienen la tranquilidad de saber que están a solo una llamada de distancia si tienes una necesidad.

Tus padres también pueden llamarte a tu celular. Es una señal de respeto responder el teléfono cuando llaman, no importa lo que estés haciendo. Es probable que no te llamen en medio de tu clase cuando estás en la escuela, pero pueden llamarte después del horario escolar cuando quieran saber dónde estás y qué estás haciendo, o si tienen algo importante para decirte. Esta posibilidad de llamar y hablar con tus padres donde quiera que estés es una gran ventaja que te ayuda a desarrollar una relación sólida y saludable con tus padres.

También puedes llamar a amigos y otros familiares con tu teléfono celular. Es una herramienta para desarrollar relaciones con amigos y familiares.

Saca el máximo provecho de tu teléfono inteligente. Un teléfono inteligente es una computadora personal móvil que se puede sostener en la mano. Con un teléfono inteligente tienes la posibilidad de realizar y recibir llamadas de voz o video, así como enviar y recibir mensajes de texto, contar con asistencia digital personal, un planificador de actividades, un reproductor multimedia, videojuegos, navegación GPS, cámara digital y cámara de video digital. En esencia, el teléfono inteligente pone a tu disposición todas las funciones de una computadora. Es un gran avance después del teléfono celular. Una vez más, los padres difieren con respecto a la edad conveniente para que un chico tenga un teléfono inteligente. Te instamos otra vez a que respetes su decisión. Después de todo, ellos son los que pagan la tarifa mensual del teléfono inteligente y, como padres, son responsables de hacer lo que consideren mejor para ti.

Si tienes un teléfono inteligente, úsalo para enviar mensajes de texto y fotos a tus familiares y amigos. Cuando yo (Gary) viajo y veo algo que creo que mis nietos disfrutarían, tomo una foto y la envío con un mensaje de texto a mi nieta de dieciocho años y a mi nieto de dieciséis. Siempre responden de inmediato. Aunque estamos a millas de distancia, nos hemos comunicado y hemos expresado que estamos pensando el uno en el otro. **Los mensajes de texto son más útiles para enviar breves comentarios sobre temas no emocionales.** No es la mejor manera de conversar sobre un tema conflictivo. Esos temas se resuelven mejor en una conversación cara a cara.

Usa una videollamada para hablar con familiares y amigos cuando desees verlos. Insisto en que esta es una tecnología extraordinaria para usar cuando los miembros de la familia están separados por la distancia. Si tienes un hermano o una hermana mayor que está en la universidad, puedes hablar con ellos y verlos al mismo tiempo. Lo mismo es válido para los abuelos, que pueden hablar y ver a sus nietos y mantener una conversación normal. Esta tecnología cumple una función positiva en el desarrollo de las relaciones familiares.

Usa Facebook, Instagram y otras plataformas de redes sociales para compartir fotos y comentarios sobre temas que son importantes para ti. Sin embargo, ten en cuenta que, cuando publiques algo en las redes sociales, lo verán todos tus amigos de esa red. Es muy distinto a enviar un mensaje de texto a un solo individuo. Tus amigos de las redes sociales pueden compartir lo que has publicado a su círculo de amigos. Por lo tanto, lo que publicas en las redes sociales puede llegar a miles de personas en todo el mundo. En consecuencia, ten mucho cuidado con lo que publicas en las redes sociales. Si hay alguien en el mundo que no quisieras que vea lo que estás publicando, no lo publiques. Los "tuits", mensajes cortos o breves que envías a tu red de Twitter, también tienen el potencial de llegar a todo el mundo. Nuevamente, **ten mucho cuidado con lo que tuiteas.**

No tuitees algo que lastime a otra persona o la avergüence. Incluso las publicaciones privadas temporales en servicios como *Snapchat*, que prometen eliminar tu publicación después que el destinatario lo vea, se pueden conservar y compartir con otros si el destinatario toma una captura de pantalla de tu publicación con su teléfono. Una vez que envías o compartes cualquier palabra, imagen o video, está fuera de tu alcance. ¡Ten cuidado con lo que compartes!

En resumen, el uso positivo de la tecnología es doble. Primero, es para mejorar tu conocimiento de historia, ciencias, matemáticas y el mundo que te rodea. Segundo, es para mejorar las relaciones con familiares y amigos. Cuando la tecnología se utiliza para estos dos propósitos, es sumamente útil. Un tercer propósito positivo de la tecnología, si se usa con moderación, es para entretenimiento personal: música, deportes, películas, juegos, etc.

Usa el correo electrónico para hacer preguntas que requieran respuestas más largas, o para comunicar información extensa. Se puede usar para comunicar a familiares y amigos algo que está sucediendo en tu vida que tú quieres que sepan. Un correo electrónico es básicamente una carta que se notifica de inmediato y se entrega sin un sello postal. En los días anteriores a las computadoras, escribíamos cartas a mano, las enviábamos por correo y se entregaban tres o cuatro días después, a la espera de que tal vez en una o dos semanas recibiéramos una respuesta. El correo electrónico elimina el intervalo de tiempo entre el momento en que enviamos la información y el momento en que recibimos una respuesta de la otra persona. Ha mejorado mucho el proceso de comunicación.

Los peligros de la tecnología

Sería desconsiderado si no te avisáramos de los peligros de usar la tecnología de manera indebida. Estos son algunos de los peligros más comunes:

La tecnología da acceso a información inexacta e inapropiada. Muchas cosas que se publican en Internet sobre diversos temas, simplemente, no son ciertas. Todos pueden decir algo sobre cualquier tema sin dar evidencia de que lo que dicen es verdad. Por lo tanto, no des por hecho que lo que lees que otros publican en Facebook u otros sitios de medios de comunicación siempre es cierto.

Además de la información errónea, también hay información inapropiada. Internet está llena de pornografía y otros sitios web sexualmente inadecuados. Estos sitios web pueden aparecer cuando estás utilizando

Internet con fines totalmente saludables. Y es muy fácil distraerse con estas ventanas emergentes e ir a sitios que te conducirán a un estilo de vida destructivo. Hablaremos sobre esto más adelante en nuestro capítulo sobre la sexualidad responsable.

El ciberacoso, o acoso virtual, se ha convertido en un problema creciente en el mundo de Internet, en particular entre los jóvenes de tu edad. Hacer comentarios negativos y degradantes sobre (o dirigidos a) otra persona en línea siempre es inapropiado. Mi madre (Gary) me enseñó: "Si no puedes decir algo bueno sobre una persona, no digas nada". Ese ha sido un buen consejo que he tratado de seguir a lo largo de mi vida. Qué trágico que tantos chicos y chicas disfruten de criticar y decir cosas negativas sobre los demás. Te animamos a no participar en dicha actividad. Si alguien te acosa en Internet, cuéntaselo a tus padres y permite que te ayuden a resolver el problema.

En un capítulo más adelante también hablaremos sobre la tendencia del ***sexting:*** enviar de manera electrónica fotos inapropiadas de ti a otra persona. Una reflexión adicional sobre el *sexting*: aquellos que participan en el *sexting* tienden a alentar a sus amigos a hacer lo mismo, pues buscan transmitir la idea de que "todos lo hacen". El hecho es que *no* todos lo hacen, y aquellos que lo hacen después lo lamentarán. Muchas chicas han comentado: "Lo hice como algo divertido, pero mi novio lo compartió con todos sus amigos, y ahora estoy totalmente avergonzada". Te animamos a que nunca le pidas a una chica que te envíe una foto inapropiada de ella. Es degradante para ella y no habla bien de ti. Por otro lado, nunca envíes una foto de ti desnudo a nadie. Recuerda que te hará avergonzar en el futuro. En algunos estados, el *sexting* es un delito grave.

Otro peligro con el uso de Internet es que, mientras buscas información valiosa, a menudo verás otros temas que aparecen en la pantalla. Es fácil distraerse con esos temas que aparecen. Si desarrollas el hábito de seguir esas ventanas emergentes, estarás perdiendo el tiempo y desviando tu atención del propósito que te llevó a entrar en Internet. **Concéntrate en la información que buscas averiguar y no sigas el rastro de otros cinco o seis temas.** La trampa de la distracción es un peligro muy real cuando usas Internet.

Usar dispositivos electrónicos mientras realizas otras actividades puede ser en extremo peligroso, incluso potencialmente mortal. Muchos estados ahora tienen leyes contra enviar mensajes de texto y conducir, o hablar por teléfono y conducir. También puede ser extremadamente peligroso usar tu teléfono inteligente mientras caminas por un tramo de escaleras o cruzas una calle concurrida. Usar el teléfono mientras mantienes una conversación con otra persona también es muy irrespetuoso con la otra persona. Estás transmitiendo que quien te está enviando el mensaje de texto o te está llamando es más importante que la persona con la que estás hablando físicamente. Esta no es la forma de desarrollar amistades positivas.

Aquí hay un peligro engañoso que no siempre consideramos: ***pensar que debo responder de inmediato cada llamada, mensaje de texto o correo electrónico que recibo.*** Esta actitud muchas veces nos lleva a interrumpir una conversación con un amigo para responder una llamada telefónica o mensaje de texto. Una de las ventajas del teléfono inteligente es que la persona que llama puede dejar un correo de voz al que puede responder más tarde. También puede responder el mensaje de texto o correo electrónico más tarde. No debemos permitir que la tecnología controle nuestro comportamiento. No debemos permitir que las llamadas telefónicas, los mensajes de texto y los correos electrónicos nos motiven a dar una respuesta inmediata. Es anormal e indica que estás cayendo en una adicción al teléfono.

Finalmente, podemos volvernos tan adictos a nuestros dispositivos electrónicos que no desarrollemos las habilidades necesarias para entablar relaciones humanas positivas. Tales habilidades implican escuchar con empatía cuando otra persona nos habla. La empatía trata de escuchar lo que la otra persona dice y lo que siente, para poder conocerla más íntimamente y dar una buena respuesta. Implica mirar a la otra persona a los ojos cuando está hablando. Implica iniciar conversaciones cuando estamos rodeados de personas. Cuando no desarrollamos estas habilidades, al final terminamos aislados de otras personas. Nos convertimos en personas vinculadas a un dispositivo electrónico, mientras que tenemos pocas relaciones significativas con otras personas. En el mundo de los adultos, el éxito siempre está ligado a las relaciones. Las personas que no pueden desarrollar relaciones positivas, significativas y cara a cara en el lugar de trabajo muchas veces pierden su empleo y terminan yendo de un trabajo a otro a lo largo de su vida. Una regla de vida independientemente de cuán extraordinaria sea la tecnología: **las personas siempre son más importantes que los dispositivos.**

Anteriormente en este capítulo, mencionamos la ciberadicción. Desafortunadamente, esto se ha convertido en un problema común entre los chicos y las chicas de nuestra cultura. Cuando un joven pasa todo el tiempo libre jugando videojuegos, viendo videos de YouTube o navegando en Internet, y no dedica tiempo a leer libros, participar en actividades recreativas, dormir lo suficiente y desarrollar relaciones significativas, se forma un hábito que será difícil de romper cuando sea mayor. El joven que todavía dedica todo su tiempo libre a jugar a videojuegos, cuando se case tendrá una esposa que será extremadamente infeliz con su comportamiento. Por eso creemos que este capítulo es muy importante. Aprender a controlar el uso de dispositivos electrónicos y no permitir que estos controlen tu vida es una decisión muy importante que tendrá una gran incidencia en tu futuro. Te animamos a hacer que la tecnología trabaje para ti, y te ayude a alcanzar tu potencial de obtener el conocimiento y la visión que te ayudarán a mejorar tu vida y la de los demás.

Pregúntate...

1. **¿Qué programas de televisión te gustan más? ¿Por qué?**

2. **Mantén un registro de cuántas horas miras televisión (incluido Netflix, etc.) esta semana. ¿Sientes que ves demasiada televisión? ¿Qué hay de los videojuegos? ¿Qué podrías estar haciendo que fuera más significativo?**

   Si tienes acceso a una computadora, tableta o computadora portátil, ¿cómo la usas?

   Tareas escolares ___
   Buscar información ___
   Redes sociales ___
   YouTube___

3. **¿Tienes acceso a un teléfono inteligente? ¿Cómo lo usas?**

4. **¿Crees que pasas demasiado tiempo usando tecnología? ¿Por qué?**

5. **¿Tu uso de la tecnología está afectando tus horas de sueño?**

6. **Si tienes tiempo libre, ¿qué haces normalmente?**

7. **¿Necesitas cambiar tu uso de la tecnología?**

DECISIÓN SABIA #4

BUSCA EL ÉXITO: TRABAJA DURO

¿Qué hacen las personas exitosas? ¡Trabajan para ello! Y trabajan duro. Ningún atleta exitoso llegó a donde está sentado en el sofá viendo televisión o jugando videojuegos. Probablemente, practicó su deporte en la escuela intermedia (o antes), en la escuela secundaria y en la universidad antes de convertirse en profesional. Los músicos exitosos pasan horas practicando su instrumento. Los hombres y las mujeres que tienen empresas exitosas han pasado años trabajando duro. Nada llega al hombre que está inactivo.

Nunca serás demasiado joven para aprender a trabajar. De hecho, si no aprendes a trabajar durante tu adolescencia, es posible que nunca alcances tu potencial.

Si eres un adolescente, o un preadolescente, los lugares más lógicos donde trabajar son en tu casa y la escuela. Espero que tus padres te hayan asignado ciertas responsabilidades en casa: mantener tu habitación limpia, lavar los platos, limpiar el inodoro, alimentar al perro, sacar la basura u otras tareas. Si no lo han hecho, te sugiero que les preguntes: "¿Qué puedo hacer para ayudarlos?".

En la escuela, el primer lugar donde trabajar es en el aula. Sé entusiasta cuando tu maestro asigne un proyecto. Después de la escuela, haz tu tarea escolar antes de mirar televisión o jugar videojuegos. Después de trabajar duro para terminar todas las tareas, puedes buscar otras áreas donde trabajar en la escuela: deportes, teatro, música u otras actividades que ofrezcan en tu escuela. Sea en lo que sea, trabaja duro y hazlo lo mejor que puedas.

En los últimos años de la adolescencia, puedes tener la oportunidad de trabajar por dinero. Tal vez tus padres te puedan pagar por hacer proyectos que estén más allá de tus responsabilidades habituales. Quizás puedas cortar el césped o palear nieve para un vecino que te pague por ayudarlo. El adolescente que busca algún trabajo a tiempo parcial, por lo general, lo encuentra.

En la universidad, muchos estudiantes trabajan a tiempo parcial para ayudar a pagar sus estudios. Cuando llegues a ser adulto, si te casas, serás responsable de trabajar para mantener a tu esposa y tus hijos.

Cuanto antes tomes la decisión de ser un buen trabajador, más probabilidades tendrás de lograr el éxito en la vida. Planea ahora ser alguien que dé, no que reciba. Trabajar duro para poder dar a aquellos que no pueden trabajar. Abraham Lincoln dijo: "No se puede desarrollar el carácter y el valor del hombre si se le priva de iniciativa e independencia. No se puede ayudar permanentemente a los hombres si se hace por ellos lo que podrían y deberían hacer por sí mismos".[1]

Esperamos que decidas seguir el consejo de Abraham Lincoln. Si no puedes costear los gastos de ir a la universidad, toma cursos en el colegio comunitario o en la escuela vocacional de tu ciudad. Muchos centros de estudio ofrecen clases en línea. Aprende algún oficio y busca un trabajo, o únete a las fuerzas armadas y apoya a tu país. Los jóvenes que se sienten bien consigo mismos son jóvenes que planean trabajar duro en desarrollar sus habilidades para hacer del mundo un lugar mejor.

Por desgracia, yo (Clarence) no tomé esta decisión a una edad temprana. Mi madre me decía: "Eres el chico más vago que he visto". Se enfurecía conmigo cuando veía que no quería trabajar en la casa. Yo le decía: "No soy vago, simplemente, no me gusta trabajar". Ella tenía razón. No me gustaba el trabajo de ningún tipo.

Papá y mamá crecieron en granjas donde trabajar no era opcional. Desarrollaron una extraordinaria ética laboral. Parecía que papá siempre estaba trabajando en dos o tres empleos para mantenernos. Mamá era maestra de escuela, pero luego se convirtió en representante de ventas de la compañía de productos para el hogar *Stanley Home Products*.

No heredé la ética laboral de mis padres. Todo lo que siempre quise hacer fue divertirme, ser un gran jugador de baloncesto y salir con chicas. El trabajo inicialmente no estaba en mis pensamientos.

La necesidad de trabajar

Papá no me dio opciones de no trabajar en la casa. Tenía que cortar el césped todos los sábados y lavar y secar los platos a diario con mi hermana (no teníamos lavaplatos). Mis padres incluso me hacían cortar el césped de los jardines de personas mayores.

Papá me dijo solo una vez: "Me ocuparé de tus necesidades básicas, comida, ropa para la escuela y la iglesia, zapatos y un techo sobre tu cabeza. Para cualquier otra cosa que quieras, tendrás que trabajar". No podía negociar con papá. Quería una pelota de cuero y zapatillas nuevas para baloncesto. Entonces, a los catorce años, comencé a trabajar para mamá en la venta de productos para el hogar. Fue una de las primeras compañías de venta directa donde las mujeres organizaban reuniones para mostrar a sus amigas los productos de limpieza y otros productos para el hogar que estaban vendiendo y que no se podían comprar en las tiendas. Podía ganar dinero rápidamente si organizaba reuniones con las madres de mis amigos. Así que trabajé hasta que pude comprar lo que quería y luego renuncié. Si hubiera tenido más visión e inteligencia, hubiera seguido trabajando y depositando mis ganancias en una cuenta de ahorros.

No volví a trabajar hasta que fui a la universidad. No ofrecían becas de baloncesto, pero esta universidad ofrecía una matrícula gratuita. Necesitaba un trabajo para pagar la habitación y la comida. Me contrataron como conserje y tenía un sueldo que hoy parece poco, pero era bastante dinero en 1972. Trabajaba treinta y cuatro horas a la semana, dormía unas cuatro horas cada noche, tenía quince horas de clases, más práctica de baloncesto.

Algo divertido sucedió mientras trabajaba como conserje: comencé a sentirme orgulloso de mi trabajo de limpieza, incluso de limpiar los urinarios y los baños. Sé que suena loco, pero me sentí bien conmigo mismo.

Un sentimiento de satisfacción me invadía cuando hacía un buen trabajo, incluso como conserje. Y mientras trabajaba duro para dejar las cosas lo más limpias posible, ¡el tiempo comenzó a volar! Es curioso ver que el principio de la satisfacción, que viene como resultado del trabajo duro, todavía me afecta hoy. Cuando lo pienso, incluso cortar bien el césped me traía satisfacción. ¡Por supuesto, nunca se lo dije a mis padres!

Así que, mientras estudiaba en la universidad, tuve que trabajar para comer y tener un lugar donde dormir. Mis padres eran demasiado pobres para ayudarme económicamente con los gastos de la universidad. De hecho, nunca pudieron enviarme un centavo. Acepté esa realidad, porque me habían cuidado toda mi vida. Desde mi punto de vista, no me debían nada. Además, me enorgullecía pagar mi educación.

¡Uy! ¡Casi me olvido de las chicas! Un chico debe tener dinero para salir con chicas. Había algunas excepciones cuando las chicas pagaban las salidas, pero la mayoría de las veces pagaba yo.

En mi segunda universidad, obtuve una beca parcial de baloncesto para el penúltimo año y no jugué en el último año universitario, así que tuve que participar de un "programa de trabajo y estudio". Lo bueno de eso fue que aprendí habilidades, que debería haber aprendido de mi papá y lo habría aprendido si no hubiera sido tan vago.

Por lo tanto, otro beneficio de trabajar es aprender varias habilidades. **Cuantas más habilidades aprendas, más confianza tendrás en ti mismo y en la vida**. Y para aquellos de ustedes que desean casarse, algunas mujeres esperan que sus esposos tengan algunos conocimientos básicos sobre cómo hacer pequeños trabajos en la casa. Tal conocimiento brinda seguridad a las esposas y ahorra dinero a la familia.

Toma el estudio en serio

La escuela (los estudios) también puede ser un trabajo. En la universidad no trabajé duro académicamente. Pensé que estaba siendo inteligente al no estudiar. ¡Ese tipo de pensamiento no fue inteligente! Postergar mis tareas fue uno de mis malos hábitos. Sin embargo, más de una vez deseé no haber demorado mi tarea hasta último momento, porque me daba cuenta de que estaba disfrutando de la tarea, y también de aprender.

Cuando ingresé a la escuela de posgrado, comprendí que tendría que trabajar duro y no perder el tiempo. Una vez más, tuve la suerte de que esa escuela de posgrado ofreciera asistencia financiera, pero tuve que volver a trabajar como conserje también. Gary Chapman me consiguió un empleo en Coca-Cola como vendedor, que implicaba conducir una camioneta con suministros para máquinas expendedoras y máquinas de cambio. Fue un trabajo exigente, pero pagaba muy bien. La idea de Gary era que, si hacía ese trabajo desde enero hasta el momento de ingresar a la escuela de posgrado, no tendría que trabajar durante el año escolar. En otro momento de insensatez, renuncié al cabo de dos o tres meses.

No obstante, esta vez, en la escuela de posgrado, estudié en serio. Tomar buenas notas legibles era una prioridad para cada clase.

Me dieron una habitación individual, lo que redujo las distracciones. Eso no siempre es posible en la universidad o en la escuela de posgrado. Después de la clase y el trabajo, desarrollé una rutina de estudio.

Sin embargo, incluso antes de que vayas a la universidad, tendrás exámenes importantes para los que deberás estudiar. A menudo eso implicará estudiar las notas que has estado tomando (¡esperamos!) durante la clase. ¿Cómo puedes recordar toda esa información? Aquí hay algunos consejos:

Lee las notas en voz alta: cuantos más sentidos uses, más fácil será aprender. De esta manera, lees y escuchas las notas y evitas que tu mente divague. Puedes reducir tu tiempo de estudio a la mitad si el primer día lees las notas siete veces en voz alta.

Lee las notas que tomaste el primer día una vez, luego las notas del segundo día en voz alta siete veces. Luego haces lo mismo con las notas del tercer día. Y así sucesivamente.

El beneficio es que aprendes el material antes de cada examen, sin que se te acumule lo que debes estudiar. Y así recordarás el material mucho después que termine el curso.

Este método me ayudó a obtener calificaciones excelentes en mi primer semestre con algunos de los profesores más difíciles de la escuela de posgrado. ¡Enseñé este método a varios estudiantes con dificultades académicas, y sus calificaciones se dispararon!

Después de años sin un buen desempeño académico, me sentí muy bien al ver esas calificaciones excelentes. Envié una fotocopia de mis notas a Gary y me respondió: "Sabía que podías hacerlo, pero es bueno verlo por escrito". En mi caso, sentía la satisfacción de recibir una recompensa por haber estudiado tanto. Poco antes de terminar la escuela de posgrado, varios profesores me animaron a ingresar al programa de doctorado. ¡Imagínate eso!

Una sensación similar surgió del éxito alcanzado en baloncesto después de practicar tanto durante años. Se trata de autoestima, no de egocentrismo.

Busca el trabajo correcto

¿Qué es un buen trabajo? **Un buen trabajo es aquel que harías, aunque no te pagaran**. Ahora bien, esto no quiere decir que no trabajarás duro ni darás lo mejor de ti si tienes un trabajo aburrido. Aun así puedes sentir satisfacción en tu trabajo, aunque nadie más lo aprecie.

Mientras estés en la escuela, piensa en lo que te gustaría hacer durante el resto de tu vida en lo que a trabajo se refiere.

Mi espíritu parece ser el de un emprendedor porque soy una persona arriesgada e inconformista. Y es divertido crear un mercado para lo que quiero hacer. Ahora ayudo a las personas en sus relaciones y, a su vez, esas personas me enseñan sobre las redes sociales, producen mis propios videos y los editan. ¡Esto es emocionante para mí porque tengo dificultades tecnológicas! Sin embargo, me encanta el aprendizaje constante y los desafíos de nuevas aventuras.

Escribir libros, que he llegado a amar, es algo que nunca pensé que haría, especialmente como un joven que abandonó la universidad. Me puse a escribir. Gary me pidió que escribiera un artículo para mujeres que trabajaban en su iglesia. Luego un amigo me pidió que escribiera un artículo sobre mi relación con Gary desde una perspectiva intercultural. Me pagaron por ese artículo. El presidente de una universidad vio ese artículo y lo publicó en un libro que estaba escribiendo. No soy un autor de superventas, pero es divertido escribir libros que las personas dicen que les ayudan.

Ahora me gano la vida ayudando a otros al dar asesoramiento, hablar en conferencias, escribir libros y tuitear.

Sin embargo, no hace mucho tiempo, un cliente dijo: "Realmente pareces amar lo que haces". Me reí de mí mismo porque lo que estoy haciendo está dando resultado. Y mucho más, al recordar la frase de mi madre cuando decía que yo era un vago. ¡Todavía tiene razón! ¡Lo que hago, por lo general, me parece divertido!

Entonces piensa en quién eres y cuál es tu naturaleza. Luego piensa en las posibilidades de ganarte la vida haciendo un trabajo que te parece divertido. ¡Tendrás éxito y, lo que es más importante, tendrás satisfacción!

Mis primeros recuerdos (Gary) de "trabajo" fueron desenterrar papas, recoger tomates y cortar judías verdes. Mis padres tenían una huerta y producíamos gran parte de lo que comíamos. Mi papá era muy trabajador. En mi mente, todavía puedo verlo empujando el arado para labrar la tierra. En esos años aprendí que el trabajo duro vale la pena. No hay mejor comida que la que viene directamente de la huerta.

Un verano, en la escuela secundaria, trabajé en una pequeña tienda por departamentos local. Todavía recuerdo montar canastas de Pascua con huevos de plástico y conejos amarillos. Trabajaba principalmente en el almacén.

Después de mi primer año en la universidad, volví a casa y trabajé en la fábrica textil de mi ciudad desde las 11 de la noche hasta las 7 de la mañana. Era mi primera prueba de trabajo realmente duro.

En la universidad trabajé en un almacén que enviaba pedidos. Trabajaba desde las 3 de la tarde hasta las 7 de la noche, luego volvía a mi habitación y estudiaba hasta las 11 de la noche. Un año trabajé como conserje en una escuela secundaria. Todos esos trabajos me permitieron ir a la universidad. También me enseñaron el valor del trabajo.

A tu edad no necesitas saber qué tipo de trabajo te gustaría hacer durante el resto de tu vida. Sin embargo, es divertido soñar. ¿Cómo sería la vida si fueras un piloto, un maestro, un médico, un agricultor, un atleta, un abogado, un conserje, un constructor, un banquero o un hombre de negocios? O, ¿qué hay de trabajar para una empresa de tecnología, o conducir un camión por todo el país, o ser guardaparques o científico? La lista es interminable.

Una forma de explorar las posibilidades es hablar con hombres que trabajan y pedirles que te digan qué les gusta de sus trabajos y qué les cuesta más. Si encuentras algo que realmente te parece emocionante, entonces ese hombre puede incluso dejarte pasar un día con él en el trabajo durante el verano cuando no vas a la escuela.

Tener sueños te ayudará a elegir qué estudiar en la universidad o en la escuela de oficios. Imagina un trabajo que crees que disfrutarías. Habla con alguien que haga ese tipo de trabajo. Aprende todo lo que puedas sobre el tipo de capacitación que necesitarías para conseguir ese tipo de trabajo.

Otra consideración es: "¿Cómo podrías ayudar a las personas si tuvieras ese trabajo?". Un trabajo significativo debe ser algo que disfrutes, algo que sirva a los demás y algo que te pague lo suficiente para mantener a una familia.

Yo (Gary) por muchos años he trabajado como consejero en la planta de personal de una iglesia grande. Además, he escrito muchos libros y ahora doy conferencias en todo el mundo. Realmente, disfruto mi trabajo. Alguien me preguntó: "¿Qué te gustaría hacer cuando te jubiles?". Respondí: "Me gustaría hacer lo que estoy haciendo".

Esperamos que algún día dediques tu vida al trabajo que te encanta hacer.

PREGÚNTATE...

1. **¿Tienes responsabilidades regulares en tu casa? ¿Cuáles son? ¿Haces ese trabajo con una actitud positiva? ¿Te pagan por el trabajo adicional que haces en tu casa? ¿Alguna vez trabajas para vecinos que te pagan por tu trabajo?**
2. **Después de leer este capítulo, ¿cómo te sientes con respecto a tus esfuerzos de estudio en la escuela? ¿Tienes buenos o malos hábitos de**

estudio? No te olvides de intentar los consejos de estudio que sugerimos y ver si te funcionan.

3. **Cuando imaginas un trabajo que te gustaría hacer toda la vida, ¿qué trabajo te viene a la mente? ¿Conoces a alguien que tenga ese tipo de trabajo? ¿Has hablado con esa persona sobre qué tipo de capacitación necesitarías para ese trabajo?**

4. **¿Estarías dispuesto a pedir a tus padres, o a algún otro adulto de confianza, que te ayuden a aprender más sobre el tipo de trabajo que te interesa?**

5. **¿Crees que tendrías más éxito si trabajaras para una organización o si la dirigieras? ¿Por qué? (No hay nada malo con ninguna de las opciones).**

6. **En este momento, ¿dónde necesitas trabajar más duro y/o con más entusiasmo?**

DECISIÓN SABIA #5

RESPETA A LAS CHICAS Y LAS MUJERES

¿Alguna vez hiciste esa temible caminata en el salón de una función o fiesta escolar desde la seguridad de tus amigos hasta donde estaba la chica que te gustaba para invitarla a bailar? Suele ser así: ella está con sus amigas. Inevitablemente, una de sus amigas te ve venir. Luego todas se miran entre risas mientras tú te acercas. Para entonces, ¡ya es demasiado tarde para regresar porque todos los demás en la sala están mirando! Ves a la chica con la que quieres bailar. Intentas no mirarla, pero no puedes evitar mirarla aún más a medida que te acercas. Todas las chicas saben exactamente a quién vas a invitar. Una vez más, se vuelven a reunir en círculo, mientras entre risas le preguntan: "¿Vas a bailar con él?". El tono de esa pregunta muestra a la chica de tus sueños si ellas lo aprueban, lo rechazaban o tiene opciones. Por lo tanto, su preferencia personal puede quedar invalidada por la presión del grupo. Tales grupos muchas veces determinan si el chico bailará con esa chica especial.

Al final llegas. Atravesar el salón te parece que te tomó dos horas, pero solo fueron segundos. Tienes que invitar a esa chica a bailar delante de todas sus amigas y todos los demás. Si su respuesta es "sí", ganas puntos como un chico popular, con buena imagen, o como quieras llamarlo. Si su respuesta es "no", pierdes los puntos que suman el puntaje invisible que ponemos en nuestros grupos sociales, y te arriesgas a no bailar durante el resto de la noche, ya que todos sacarán conclusiones de la respuesta de este grupo a ti. Incluso más difícil que invitar a esa chica a bailar frente a sus amigas es la larga caminata de regreso a tu grupo de amigos si ella te rechaza.

Acercarse a las chicas es algo a lo que muchos chicos no están acostumbrados; por eso, tener un padre o un adulto de confianza en tu vida es tan importante. Una experiencia de rechazo como la que acabas de leer podría afectar tus sentimientos futuros hacia las mujeres, y si las respetarás o no. El sexo opuesto puede ser un gran misterio y frustración que incluye descubrir cómo acercarse, conocer al otro y, finalmente, amar al otro y recibir amor a cambio.

Ya sea que te des cuenta o no, invitar a una chica a bailar o a salir requiere valor, pero también es una de las muestras más altas de **respeto** que podemos dar a una muchacha.

Sin embargo, **¿qué más implica respetar a las mujeres y por qué deberíamos hacerlo?**

Ambos crecimos en el sur, donde la mayoría de los padres y otros hombres enseñaban a los chicos, desde temprana edad, a ser "caballeros" con las mujeres, abrirles la puerta, cederles el paso, mover las sillas para que puedan sentarse, caminar en la acera entre ellas y el tráfico, renunciar a nuestro asiento para que una mujer pueda sentarse. Decir: "Sí, señora".

¿Pero es esto "respeto" por las mujeres?

Algunas mujeres sienten que esa manera de tratarlas es degradante, no respetuosa. Otras lo agradecen. Sin embargo, el respeto por las mujeres va más allá de abrir una puerta abierta (¡aunque los modales son importantes!). Significa ver a las mujeres, las chicas, tu madre, tu abuela, tus tías, tus hermanas, tus amigas, como iguales. Significa hablarles cortésmente. Respetar sus opiniones. No interrumpirlas. Y, sin duda, significa verlas como algo más que seres sexuales o, lo que es peor, como objetos de abuso.

Aunque las mujeres representan aproximadamente la mitad de la población de este país, tenemos una larga tradición de darles un trato como ciudadanas de segunda clase. Tal vez sepas que las mujeres ni siquiera podían votar hasta 1920. (Y sí, muchos otros países tratan a las mujeres y las chicas mucho peor que en los Estados Unidos). Mientras que los hombres aceptan más a las mujeres como líderes en el gobierno, el ámbito empresarial, las ciencias y muchas otras áreas, los hombres todavía tenemos un largo camino por recorrer.

Cómo representa el mundo del entretenimiento a las mujeres

Considera nuestro mundo del entretenimiento. Cuando se trata de música rap, a mí (Clarence) me gustan algunos ritmos y otros no, pero la letra puede ser un factor decisivo para mí. En algunas canciones de música rap, las letras hablan de las mujeres en términos degradantes.

Cuando las chicas o las mujeres adultas escuchan de qué manera se refieren a ellas, no pueden sentirse bien consigo mismas. No pueden sentirse bien ni respetar a los hombres que usan tales términos. No hay escapatoria al hecho de que la música que escuchamos puede afectar cómo nos sentimos y tratamos a las mujeres. Es posible que debas reevaluar la opción de escuchar cualquier música que degrade a las mujeres.

Algunos videos y música rap promueven la falta de respeto hacia las mujeres. Ver pornografía es otra forma de mostrar falta de respeto por las mujeres. Hablaremos más sobre este tema en el próximo capítulo, pero abordemos este tema específico aquí: la pornografía es irrespetuosa hacia la mujer porque la trata como un objeto para observar, usar, dominar y desechar cuando estás satisfecho. En efecto, la dominación masculina es una manera extrema en que se trata a las mujeres en la pornografía. Otras veces hay violación simulada. Si algún hombre dice que respeta a las mujeres, pero aun así ve pornografía, lo que realmente está diciendo, en el mejor de los casos, es que solo respeta a las mujeres que conoce personalmente. **Queremos que seas un hombre que respete a todas las mujeres en público y en privado.**

Tampoco pasa desapercibido que muchos videojuegos tratan a las mujeres como objetos con proporciones corporales poco realistas, ropa escasa y diálogos banales.

Aún más irrespetuosas son aquellas franquicias de juegos donde la mayoría de las mujeres encontradas son prostitutas que se pueden levantar, disparar o atropellar con tu automóvil robado.

Con todos estos ejemplos de discriminación en nuestra historia y los medios de comunicación distorsionados que consumimos, ¿sorprende que a tantos hombres de todas las edades les cueste respetar a las mujeres como iguales en nuestras escuelas, familias, iglesias, círculos sociales y lugares de trabajo? ¿Es de extrañar que sigamos escuchando historias de hombres acusados de agresiones sexuales contra las mujeres?

Un área adicional a los medios de comunicación y el entretenimiento que vale la pena mencionar aquí es el deporte.

¿Has notado que cada vez se acusa a más atletas universitarios y profesionales y se arresta a algunos de ellos por violencia doméstica contra sus novias o esposas? Algunos de los casos más destacados de violencia contra las mujeres están afectando las carreras de atletas de la Liga de Fútbol Nacional (NFL). Uno perdió su carrera mientras aún podía jugar y ganar mucho dinero. Su incidente de violencia doméstica le costó el respeto de muchas mujeres (y hombres), además de millones de dólares. En otro caso, un corredor premiado ingresó a la temporada con una denuncia de violencia doméstica. Aunque la policía local nunca lo acusó de delito, la NFL hizo su propia investigación y emitió una suspensión de seis juegos.

Hay una lección clara aquí: **nuestras acciones del pasado pueden tener consecuencias futuras.**

Entonces, ¿qué causa la violencia doméstica? ¿Cómo puedo aprender a controlar mis emociones y cambiar mis hábitos? Piénsalo.

Si los atletas universitarios y los atletas profesionales crecieron escuchando y viendo una constante falta de respeto por las mujeres, el maltrato a las mujeres se convierte en una norma aceptable. Es una pregunta importante para que te formules: ¿Dirías que la violencia doméstica contra las mujeres está relacionada con lo que los hombres escuchan y/o miran?

Un verdadero hombre controla sus emociones, y no se deja controlar por estas.

Puede que tú no seas un atleta importante o una estrella del hip-hop (y queremos agregar que hay muchos hombres destacados entre estos grupos). Tal vez solo estás tratando de descubrir tu relación con las chicas. Quizás no hayas tenido buenos ejemplos de cómo los hombres deben tratar a las mujeres; pero este es el momento de comenzar a desarrollar una actitud saludable y respetuosa hacia todas las mujeres y las chicas.

¡Nuestros héroes!

Piensa en esto: sin mujeres, ninguno de nosotros los hombres estaríamos aquí. Piensa en tu madre. ¡La mayoría de nuestras madres han sido o son increíbles!

Nos han dado a luz, nos han cuidado, nos han bañado y nos han atendido cuando no podíamos hacerlo por nosotros mismos. ¡La mayoría de las madres siempre nos protege, especialmente a sus hijos! Por lo general, existe un vínculo especial entre madres e hijos, al igual que puede haberlo entre padres e hijas.

La mayoría de las madres nos enseñan cómo cuidarnos y utilizan sus "poderes especiales de madre" para ayudarnos. Usualmente, saben quién será un buen amigo y quién será perjudicial. Saben la diferencia entre una buena chica y una que traerá problemas. ¡La mayoría de las madres nos colma de elogios! ¿Es este el tipo de mujer que merece recibir insultos? Por supuesto que no. ¿Tienes hermanas o tías que te aman? ¿Merecen recibir insultos? ¿Qué pasa con otras chicas de tu vecindario o tu escuela que solo están tratando de descubrir la vida, como tú? La triste verdad es que debemos aprender a respetar a los demás, y los medios de comunicación que consumimos y los héroes que admiramos normalmente no nos enseñan eso.

Aquí hay un ejemplo de una verdadera heroína: ¿Tienes o conoces a una madre soltera que posee dos empleos para poder mantener a su familia? Es extremadamente difícil para una madre soltera, no importa cuán increíble sea, desempeñar el rol de un padre. La dificultad aumenta aún más para una madre soltera que cría a un hijo que está entrando en la adolescencia. Por eso alentamos a los jovencitos que viven con una madre soltera, que busquen un hombre adulto de confianza para caminar con él a lo largo de la vida.

Cuando era adolescente, yo (Clarence) tenía un gran respeto por las mujeres. Mis padres me inculcaron eso. **En mi experiencia, respetar a las chicas te hace más atractivo para ellas.** Creo que tener respeto por las mujeres me preparó para empezar a salir con ellas y, finalmente, para el matrimonio. Verás, si te gusta y quieres amar a una mujer, a cualquier edad, no tener respeto por ella o por otras mujeres a tu alrededor, en realidad, resulta en tu contra. Cuando las mujeres no se sienten respetadas, por lo general, terminan por no encontrar amor, alegría o satisfacción en su relación con aquel que es irrespetuoso con ellas y, en la mayoría de los casos, la relación termina mal.

Entonces, para aquellos de ustedes que desean tener una relación matrimonial con una mujer para toda la vida, un paso decisivo es aprender a respetar a las mujeres, si es que aún no lo hacen.

PREGÚNTATE...

1. **¿De qué manera piensas que los chicos y los hombres mayores no respetan a las chicas/mujeres?**

2. **¿Sientes que respetas a las mujeres? Si es así, ¿cómo muestras a una chica o a una mujer que la respetas? ¿Qué puedes hacer mejor?**

3. ¿Respetas a tu madre y a otras mujeres de tu familia? Si tu respuesta es "sí", ¿por qué? ¿Cómo les muestras respeto? ¿Alguna vez has sido irrespetuoso? ¿Qué pasó?

4. Si te está criando una madre soltera, ¿cómo le muestras respeto? ¿Le ayudas con las tareas de la casa o departamento? ¿Sacas la basura sin que te lo pida? ¿Le ayudas a limpiar la cocina para que tu mamá tenga algo menos que hacer?

5. ¿La música que has escuchado o los videos que has visto han influido en tu manera de ver a las mujeres? Si tu respuesta es "sí", ¿cómo? Si tu respuesta es "sí", ¿qué debes hacer para comenzar a respetar a las mujeres? ¿Eres lo suficientemente valiente o fuerte para dejar de escuchar o mirar algo que promueve la falta de respeto hacia las mujeres?

6. Si bien los hombres y las mujeres son claramente distintos, ¿por qué crees que algunos hombres tienen problemas para ver a las mujeres como iguales? ¿Cómo puedes ser diferente sin dejar de respetar a las mujeres?

7. Si fueras un padre que tuviera una hija, ¿cómo crees que te sentirías si un chico o un hombre la insultara? Si fueras ella, ¿cómo te haría sentir eso?

8. Considera preguntar a tu madre o hermana (si tienes una) o a cualquier mujer de tu familia si alguna vez se han sentido no respetadas y, de ser así, ¿cómo? ¿Cómo te hicieron sentir sus experiencias? ¿Por qué?

DECISIÓN SABIA #6

SÉ SEXUALMENTE RESPONSABLE

Que te gusten las chicas es natural, normal, saludable y apropiado para todo joven. Sin embargo, cómo manejamos esta atracción hacia las chicas es de suma importancia. En la universidad, yo (Gary) estudié antropología, un estudio de diversas culturas del mundo. Todas las culturas tienen normas sobre cómo los muchachos y las muchachas deben relacionarse entre sí: lo que es apropiado y lo que es inapropiado. Lo que ha sucedido en la cultura estadounidense es que, en los últimos sesenta años, hemos abandonado los preceptos sobre los que se edificó nuestra cultura. Hemos promovido la "libertad sexual" y hemos permitido que los chicos y las chicas hagan sexualmente casi cualquier cosa. Sin embargo, lo que no nos informaron es el costo de tal libertad. **No nos avisaron que, por cada decisión que tomamos en nuestra vida sexual, hay consecuencias.**

Ciento diez millones de personas en los Estados Unidos tienen una enfermedad de transmisión sexual.[1] Se abortan cientos de miles de bebés cada año, que nunca tendrán la oportunidad de vivir fuera del útero. Muchas de estas madres y padres viven con profundo pesar. Cientos de miles de hombres casados, que practicaron "libertad sexual" cuando eran solteros, también practicarán "libertad sexual" cuando estén casados.

Muchos de estos matrimonios terminarán en divorcio, y los hijos de estos matrimonios vivirán con los corazones rotos. Estas realidades nos motivan profundamente a desafiarte a tomar decisiones sabias relacionadas con la sexualidad. En este capítulo, te retaremos a tomar tres decisiones sabias específicas de las que estamos convencidos que, a largo plazo, te brindarán la mayor satisfacción sexual. Ambos tomamos estas decisiones, y ahora, como hombres adultos, estamos sumamente contentos de haberlo hecho.

Una última cosa antes de llegar a estos tres desafíos: vas a leer algunas descripciones directas de tu cuerpo, lo que puedes hacer con tu cuerpo y algunas de las consecuencias que puedes experimentar si no aceptas estos sabios desafíos para tu presente y tu futuro. Sin embargo, debido a que no se pueden revertir muchas de estas consecuencias, es precisamente por tal razón que escribimos de manera tan descriptiva y directa; **no queremos que vivas con dolor y pesar.** Así que, con esta sensible nota de ambos, veamos el primer desafío.

Desafío #1
No expondré mi cuerpo a enfermedades de transmisión sexual.

Las infecciones de transmisión sexual ocurren cuando uno tiene relaciones sexuales o sexo oral con alguien que ya está infectado. Las estimaciones indican que jóvenes de quince a veinticuatro años adquieren cada año casi la mitad de todas las enfermedades de transmisión sexual.[2] Hay cientos de infecciones de transmisión sexual. Mencionaremos solo algunas de las más graves. Quizás la más conocida sea el VIH, el virus que produce SIDA.

VIH (virus de inmunodeficiencia humana)

Hay cincuenta y seis mil nuevos casos de VIH cada año. El 25% de estos son jóvenes de entre dieciocho y veinticuatro años. La mayoría de las nuevas infecciones por VIH entre los jóvenes ocurren entre hombres homosexuales y bisexuales. Casi el 60% de los jóvenes que tienen VIH no saben que están infectados; por lo tanto, cuando participan en una actividad sexual, transmiten el virus a otros y ni siquiera saben que lo están haciendo.[3]

Sífilis

La sífilis es una ETS (enfermedad transmitida sexualmente) que puede provocar problemas graves si no se trata. En la etapa inicial, puede notarse como una simple llaga. Debido a que es indolora, puede ignorarse fácilmente. La etapa secundaria se evidenciará por erupciones cutáneas o llagas en la boca, o manchas ásperas, rojas o marrón rojizas en la palma de las manos, la planta de los pies o la espalda. Las etapas tardías producen dificultad para coordinar los movimientos musculares, entumecimiento, ceguera y demencia. En las últimas etapas, la enfermedad daña los órganos internos y puede provocar la muerte. La mayoría de los casos de sífilis temprana se encuentran actualmente entre hombres que practican sexo con hombres, pero las mujeres y los nonatos también corren el riesgo de infección. La sífilis se puede curar con antibióticos. Sin embargo, el tratamiento puede no revertir el daño que la infección ya ha causado.[4] Si bien los problemas de salud causados por la sífilis en sí son graves, las llagas genitales causadas por la sífilis también facilitan la transmisión y la infección sexual del VIH.

Gonorrea

La gonorrea es una enfermedad de transmisión sexual que puede afectar tanto a hombres como a mujeres. Puede producir infecciones en los genitales, el recto y la garganta. Es una ETS muy común entre personas de quince a veinticuatro años. Puedes contraer gonorrea al tener relaciones sexuales con cualquier persona infectada. Algunos hombres que tienen gonorrea pueden no tener ningún síntoma. Sin embargo, los hombres que tienen síntomas pueden tener: una sensación de ardor al orinar; una secreción blanca, amarilla o verde del pene; testículos dolorosos o hinchados. Las infecciones rectales pueden incluir: picazón anal, dolor, sangrado o deposiciones dolorosas. Si no se trata, la gonorrea puede producir problemas graves y de por vida en hombres y mujeres. Para los hombres, la gonorrea puede provocar una condición testicular dolorosa y, en raras ocasiones, causar esterilidad. En otros casos raros, si no se trata, la gonorrea puede extenderse a la sangre y las articulaciones, lo que puede provocar la muerte.[5]

Infección genital por VPH

El virus del papiloma humano (VPH) es la ETS más frecuente en los Estados Unidos. Existen varios tipos de VPH. Algunos tipos pueden provocar problemas de salud como verrugas genitales y cáncer. Al igual que con todas las demás enfermedades de transmisión sexual, puedes contraer el VPH si tienes relaciones sexuales o practicas sexo oral con alguien que tiene el virus. El VPH puede transmitirse incluso si una persona infectada no presenta síntomas.[6]

Herpes genital

El herpes es otra enfermedad de transmisión sexual común. En los Estados Unidos, más de una de cada seis personas entre catorce y cuarenta y nueve años tiene esta enfermedad. Puedes contraer herpes al tener relaciones sexuales o practicar sexo oral con alguien que tiene la enfermedad. Las llagas de herpes genital generalmente aparecen como ampollas en o cerca de los genitales, el recto o la boca. Estas ampollas se rompen y producen llagas dolorosas que pueden tardar semanas en sanar. Esto a veces se llama "tener un brote". El primer brote que alguien tiene puede estar acompañado de síntomas similares a la gripe (por ejemplo, fiebre, dolores, glándulas inflamadas). El herpes es incurable, pero ciertos medicamentos pueden detener o limitar los brotes. Los condones pueden reducir (pero no eliminar) el riesgo de contraer herpes. Las úlceras u otros síntomas de herpes pueden aumentar el riesgo de transmitir el herpes a otros. No obstante, aunque alguien no tenga síntomas de herpes, aun así puede infectar a sus parejas.[7]

¿Qué tan comunes son las ETS?

Las enfermedades de transmisión sexual son comunes, especialmente entre los jóvenes. Hay alrededor de veinte millones de nuevos casos de infecciones de transmisión sexual cada año en los Estados Unidos, y aproximadamente la mitad de estos son de personas entre las edades de quince y veinticuatro años.[8] Algunas de estas ETS descritas anteriormente, así como otras que no hemos mencionado, se pueden curar con la medicación adecuada. Otras no pueden curarse, pero se pueden tomar medicamentos para ayudar con los síntomas. Las ETS que no se tratan pueden volverse extremadamente peligrosas.

Entonces, ¿cómo puedes protegerte de las enfermedades de transmisión sexual? Según los Centros para el Control y la Prevención de Enfermedades del Gobierno de los Estados Unidos, "la forma más segura de protegerse contra las ETS es no tener relaciones sexuales. Eso significa no tener relaciones sexuales vaginales, anales u orales (abstinencia)... Está bien decir 'no' si no quieres tener relaciones sexuales".[9] Estamos totalmente de acuerdo con este consejo y te pedimos que aceptes el desafío de no exponer tu cuerpo a enfermedades de transmisión sexual. Algunos jóvenes piensan que los condones evitarán que contraigan una infección. Esto no es cierto, ya que un condón no cubre todas las áreas infectadas.

Si tienes preguntas sobre la sexualidad, te recomendamos que hables con tus padres u otros adultos de confianza. No tengas miedo de hacer preguntas sinceras. Recuerda que una vez también fueron adolescentes. Si deseas obtener más información sobre las enfermedades de transmisión sexual, busca en Google: "Centros para el Control y la Prevención de Enfermedades". Encontrarás numerosos artículos sobre diversas enfermedades de transmisión sexual.

Desafío #2
Tendré sexo solo después de casarme.

Este desafío puede parecer similar al primero, no permitir que tu cuerpo esté expuesto a enfermedades de transmisión sexual. Sin embargo, hemos descubierto que los jóvenes que aceptan el desafío de no tener relaciones sexuales, sexo oral o cualquier otra relación sexual íntima antes de casarse tienen muchas más probabilidades de establecer pautas sólidas para todas sus relaciones de pareja. No se pondrán en situaciones donde puedan comprometer su sabia decisión de abstenerse de tener intimidad sexual antes del matrimonio.

También te animamos a hablar con tu pareja sobre tu decisión de no tener relaciones sexuales hasta después de casarse. Informarle tu decisión la alentará si ha tomado tu misma sabia decisión y, si no lo ha hecho, tu decisión puede ayudarla a tomar una decisión similar.

Una de las razones para esperar hasta el matrimonio para tener relaciones sexuales es que la mayoría de los jóvenes no están en condiciones de ser responsables de pagar la manutención por un hijo concebido fuera del matrimonio. Si un joven tiene relaciones sexuales con una chica y ella queda embarazada, es su responsabilidad moral y legal pagar la manutención por ese niño hasta que cumpla los dieciocho años, aunque no se case con la madre del niño. Creemos que es trágico cuando escuchamos a ciertos atletas hacer alarde sobre cuántos hijos han tenido con diferentes mujeres. Esto no es más que absoluta irresponsabilidad.

Muchos jóvenes piensan que, si usan un condón, no hay forma de que la joven quede embarazada. Todas las investigaciones indican que los condones no brindan tal garantía. He hablado con muchas parejas casadas que han usado condones porque no estaban listas para tener un hijo y, sin embargo, la esposa quedó embarazada. La única forma segura de no convertirte en padre antes de casarte es tomar la decisión de esperar hasta el matrimonio para tener relaciones sexuales.

El sexo dentro del matrimonio es una experiencia hermosa. Nunca te arrepentirás de esperar hasta el matrimonio. El propósito del sexo dentro del matrimonio no es solo para tener hijos, aunque eso también es maravilloso, sino que es una experiencia que vincula profundamente y crea intimidad emocional. Por eso, casi todas las culturas a lo largo de la historia han alentado a los jóvenes a esperar hasta casarse para experimentar el placer de las relaciones sexuales. Para aquellos que profesan la fe cristiana, como nosotros, esta es la norma que Dios estableció para todos aquellos que buscan obedecer sus enseñanzas. Es la práctica de la abstinencia antes del matrimonio y la plena participación después del matrimonio lo que crea un ambiente hogareño más estable para la crianza de los hijos.

Entonces, ¿cuáles son otras razones para esperar hasta el matrimonio para tener relaciones sexuales además de evitar las ETS o pagar la manutención de los hijos? Según mi experiencia de consejería matrimonial (de Clarence), aquellos que tienen relaciones sexuales antes del matrimonio:

- Rara vez se casan con la primera persona con la que tienen relaciones sexuales.
- Disminuyen su capacidad de comprometerse a tener una relación con una sola persona.
- Experimentan menos satisfacción sexual cuando se casan.
- Tienen menos relaciones sexuales después del matrimonio.
- Aumentan sus posibilidades de divorcio.
- Les resulta difícil experimentar cercanía o intimidad en sus relaciones, por lo tanto, no experimentan satisfacción, sino frustración.
- A menudo lamentan profundamente haberlo hecho.
- Descubren que, aunque se casen con la joven con la que se acostaron, a menudo la joven siente que no puede confiar en su esposo y se pregunta si le será fiel.

La intimidad sexual requiere un vínculo emocional, intelectual, social y espiritual. Las relaciones sexuales significativas son una celebración de estos vínculos en una relación matrimonial.

Cuando un chico crece con un ejemplo de madre y padre que se aman, se apoyan y alientan, y trabajan juntos para hacer del mundo un lugar mejor, es probable que ese chico se convierta en un adulto productivo que alcance su máximo potencial en el mundo. Por otro lado, aquellos chicos que crecen en un hogar donde no tienen padre, o donde mamá y papá no se aman ni se alientan mutuamente, deberán trabajar más para tomar buenas decisiones. Algunos de ustedes que leen este libro pueden estar creciendo en familias menos que ideales, pero no tienen que repetir los errores de sus padres. Si deciden tomar las decisiones sabias y valientes que estamos abordando en este libro, ¡tendrán una gran vida y cambiarán la dirección y la salud de su árbol genealógico para las generaciones venideras!

Pornografía

Antes de la tecnología moderna, la pornografía no era la amenaza que es hoy. Sin embargo, en tu mundo es difícil evitar la exposición a imágenes pornográficas. Pues bien, ¿qué es la pornografía? La palabra está compuesta por dos palabras. "Porno" proviene de la palabra griega para ramera (*pórne*). Una ramera es aquella que vende su cuerpo por dinero, a menudo en contra de su voluntad. Hoy las llamamos prostitutas. Los hombres pagan para tener relaciones sexuales con ellas. Todavía tenemos personas que se dedican a esta práctica.

La segunda palabra es "grafía", que proviene de la palabra griega *gráfo*, que significa "escribir". Por lo tanto, la primera forma de pornografía fue la descripción escrita de la actividad sexual destinada a estimular sentimientos eróticos o sexuales en la persona que está leyendo. Todavía tenemos esta forma de pornografía como se ve en algunas novelas románticas.

Desde la invención de las cámaras y los dispositivos de video, la pornografía se ha vuelto más visual. La persona no solo lee, sino que ahora ve una actividad sexual explícita destinada a estimular los sentidos sexuales del espectador. Este es el tipo de pornografía que es más común hoy día. La pornografía se puede ver en películas, televisión, computadoras y teléfonos inteligentes. Está fácilmente disponible y por eso se ha convertido en un problema en nuestra sociedad.

Las personas que se dejan filmar en escenas provocativas de desnudo están vendiendo su cuerpo por dinero. Aquellos que ven pornografía apoyan a estos individuos y a toda una industria destinada a explotar a mujeres y hombres.

¿Quieres que tu hermana venda su cuerpo para que los hombres puedan verla desnuda? ¿Quieres que tu madre sea una ramera? Creemos que tu respuesta será "¡no!".

Entonces, ¿por qué querrías ver a la hermana o madre de otra persona exponer su cuerpo desnudo por dinero?

La pornografía reduce a una mujer a un objeto sexual y no a una persona que merece ser respetada. Se convierte en una imagen que los hombres miran para su propio placer sin preocuparse por ella como persona. ¿Por qué te instamos a no ver pornografía?

- La pornografía estimula los deseos sexuales que son difíciles de controlar.
- La pornografía llena la mente con imágenes sexuales que son difíciles de borrar.
- La pornografía te da una imagen distorsionada del sexo.
- La pornografía te hace ver a todas las chicas como objetos sexuales y no como humanos iguales.
- La pornografía puede transmitirte la idea de que las chicas solo están aquí para darte placer.
- La pornografía exalta el sexo como lo más importante en la vida.
- La pornografía no te advierte que, después de verla, a menudo te sientes mal contigo mismo, lo que te provoca vergüenza y una mala imagen de ti.
- La pornografía no te advierte que puede volverse adictiva y causarte graves problemas cuando te cases. Ninguna esposa quiere que su esposo caiga en la pornografía.

Por lo tanto, te instamos a no ver pornografía. Tu compromiso no solo te ayudará a respetar a las mujeres, sino que te será más fácil cumplir el desafío #2 si evitas la pornografía.

Ya hemos hablado sobre el *sexting*: el uso de mensajes electrónicos, como correo electrónico, mensajes de texto u otras aplicaciones de mensajes, para enviar palabras, imágenes o videos sexualmente explícitos a otra persona con la que presumiblemente tienes intimidad (o quieras tener). Y después de leer la definición de la palabra pornografía, probablemente puedas ver que **el *sexting* no es más que pornografía destinada a una persona en lugar de a una audiencia más amplia**. Sin embargo, uno de los peligros del *sexting* es que puede recurrir rápidamente a la pornografía cuando el destinatario decide traicionar tu confianza y compartirla con otros. Otro gran peligro del *sexting*, especialmente para alguien menor de dieciocho años, es que, dependiendo de las leyes locales y estatales de las dos personas que participen, puede estar cometiendo o haciendo que otra persona cometa un delito de pornografía infantil. Cuando esto sucede, tú o alguien que amas puede convertirse en un delincuente sexual convicto, etiquetado de por vida. Así que ten cuidado con los peligros del *sexting*.

Algunos jóvenes están renunciando a sus teléfonos inteligentes para volver a usar teléfonos móviles como una forma de no dejarse destruir por la pornografía. Han adoptado una actitud de "haré lo que sea" para vivir sin pornografía.

Desafío #3
No permitiré que otro hombre toque mis genitales.

Por genitales nos referimos al pene, los testículos o los glúteos. Desgraciadamente, hay hombres adultos que se aprovechan de los adolescentes para su propia satisfacción sexual. A veces, estos son hombres de tu familia extendida: tíos, abuelos, padrastros, el novio de tu mamá o incluso un hermano, personas que ya conoces. Por otro lado, hay depredadores en línea que se ponen en contacto contigo a través de tu correo electrónico, aplicaciones de mensajería o redes sociales, y buscan hacerse amigos, y solicitan encontrarse contigo en un lugar y momento determinados. Nunca aceptes tales invitaciones, sino infórmalo a tus padres o a otros adultos de confianza. A veces, dicho abuso sexual es perpetrado en un entorno deportivo por un entrenador, un miembro del equipo o un compañero atleta. Felizmente, la mayoría de los entrenadores y aquellos que participan en ámbitos deportivos para adolescentes son hombres honestos y responsables. **No obstante, si alguna vez sientes que alguien te está pidiendo que hagas algo que no quieres hacer, di que no, huye e infórmalo a tus padres u otro adulto responsable lo antes posible.** Este tipo de abuso sexual es muy común en nuestra cultura.

A veces, los adolescentes son reacios a denunciar esa actividad a sus padres u otros adultos de confianza porque tienen miedo, pero es de valientes denunciar a esa persona para que los puedan detener y no se aprovechen de otros jóvenes.

También puedes encontrar jóvenes de tu misma edad que tratarán de convencerte de que "explores" el cuerpo del otro. Sus esfuerzos por persuadirte son para su propio placer. Esto puede ser una forma de intimidación, y se ha convertido para algunas pandillas en un nuevo rito de pasaje o iniciación. Estas son formas de abuso sexual. Te retamos a resistir sus esfuerzos y reportarlo para que no le suceda a otra persona, como un hermano menor o un primo.

Si bien este desafío implica, principalmente, a hombres adultos que se aprovechan de jovencitos menores de edad, no te dejes engañar ni aceptes los "¡vamos, hazlo!" de otros hombres/chicos que promueven la actividad sexual con mujeres adultas: estas mujeres mayores pueden ser igualmente dañinas y perjudiciales, pero de diferente manera. Este tipo de encuentro no es ninguna conquista o logro para ti, sino una herida en una futura relación sana con una mujer más cercana a tu edad. No importa lo que te digan tus amigos o incluso las influencias malsanas de los hombres adultos que te rodean, ser sexualmente activo con una mujer adulta es igualmente abusivo y te debes resistir a eso y denunciarlo a tus padres y a la policía.

Así que, en este capítulo, te hemos presentado tres desafíos, que te ayudarán a ser sexualmente responsable:

1. No expondré mi cuerpo a enfermedades de transmisión sexual.

2. Tendré sexo solo después de casarme.

3. No permitiré que otro hombre toque mis genitales.

Tienes que tomar una decisión. Tener relaciones sexuales antes del matrimonio te pone en riesgo de contraer enfermedades de transmisión sexual. Si tienes relaciones sexuales antes del matrimonio, lo más probable es que la chica o las chicas con las que estás teniendo relaciones sexuales estén haciendo lo mismo con otros chicos. En consecuencia, no tienes idea de qué o cuántas parejas sexuales han tenido. Tampoco sabes si tienen una o más enfermedades de transmisión sexual. **El sexo antes del matrimonio puede ser como jugar a la ruleta rusa con tu salud y, posiblemente, con tu vida.** ¿Vale la pena correr el riesgo?

El sexo antes del matrimonio también te pone en riesgo de embarazar a una chica. ¿Estás listo para asumir las responsabilidades si eso sucede? Si crees que el aborto sería una salida fácil, permítenos recordarte que no puedes obligar a la joven a abortar y, si ella decide abortar, es muy probable que lamente la decisión más adelante en su vida. Los hombres jóvenes también luchan durante años con esa decisión. Te preguntamos, ¿vale la pena correr el riesgo?

No permitir que otros hombres se aprovechen de ti sexualmente puede requerir verdadero coraje, pero resistir esos esfuerzos por parte de otros hombres e informar lo que sucedió a tus padres o a algún otro adulto de confianza, te ahorrará incontables luchas emocionales y sexuales y, posiblemente, salve a otros también. Esperamos que decidas ser valiente y tomes la sabia decisión de ser sexualmente responsable.

PREGÚNTATE...

1. **¿Recuerdas cuándo te diste cuenta por primera vez de tu atracción sexual por las chicas? Si aún no te atraen, no te preocupes por eso.**

2. **¿Has hablado con tus padres u otro adulto sobre el sexo? Si no, ¿qué te impide hacerlo?**

3. **¿Por qué crees que casi todas las culturas tienen normas claras sobre lo que está permitido y lo que no está permitido entre muchachos y muchachas solteros? ¿Por qué crees que la mayoría de las religiones desalientan el sexo antes del matrimonio?**

4. **¿Qué tan sexualmente responsable has sido hasta este momento? Sé sincero con tu evaluación.**

5. **Si has participado en alguna actividad sexual, o alguien ha tratado de aprovecharse sexualmente de ti, ¿cómo has respondido? ¿Lo has denunciado a un adulto responsable?**

6. **¿Cuál consideras que es la mejor manera de evitar contraer enfermedades de transmisión sexual?**

7. **¿Cómo crees que la pornografía podría dañar tu relación con tu novia, si tienes una, o tu futura esposa?**

8. **¿Cómo crees que respondería tu novia, si tienes una, o tu futura esposa si descubriera que eres adicto a la pornografía?**

9. **¿Cómo puedes evitar la pornografía?**

Tienes que tomar decisiones. Esperamos que decidas con valentía y sabiduría.

Acciones a considerar

- Considera buscar en Google "Centros para el Control y la Prevención de Enfermedades", y leer sobre las diversas enfermedades de transmisión sexual, y las sugerencias que se hacen para evitar tales enfermedades (https://www.cdc.gov/std/spanish/).
- Considera hablar con tus padres o un adulto responsable sobre todo el tema de la sexualidad. Recuerda que una vez fueron adolescentes, y pueden ayudarte.
- Considera pedir a tus padres o a un adulto de confianza que lea este capítulo contigo y conversen sobre este tema.

DECISIÓN SABIA #7

VIVE CADA VEZ MÁS FELIZ PARTE A: EVITA LAS DROGAS Y EL ALCOHOL

Comencemos este capítulo con una verdad innegable: el consumo de alcohol y drogas ha destruido la vida de más jóvenes que cualquier otra decisión en la vida. Entre las edades de once y dieciséis años, el cerebro humano atraviesa una fase muy importante del desarrollo. El alcohol y las drogas interrumpen este desarrollo mental normal. A menudo, estos efectos nocivos en el cerebro dejan cicatrices invisibles, pero de profundas secuelas para toda la vida. Las decisiones tomadas bajo la influencia del alcohol y las drogas pueden conducir a la prisión o incluso la muerte.

Está claro que nuestra cultura ha hecho popular el uso del alcohol y las drogas. Las películas, la televisión y las celebridades han mostrado una imagen de que el consumo de alcohol y drogas enriquecerá tu vida, y es necesario si quieres ser popular o escapar de la realidad. El hecho es que los centros de rehabilitación de drogas están llenos de hombres adultos y jóvenes que siguieron este consejo. Están desesperados por romper las cadenas de la adicción que les ha traído tan tremendo dolor.

Yo (Gary) recuerdo el día que tomé la decisión de no beber alcohol. Mi abuelo era alcohólico. Mi familia vivía a tres casas de mi abuelo, así que lo veía a menudo. Era un hombre amable y manso cuando no bebía, pero podía ser malo y cruel cuando estaba bajo la influencia del alcohol. Solía caminar desde su casa (no tenía automóvil) hasta el lugar donde se reunía con sus amigos para pasar la noche bebiendo y contando historias. Al final de la noche, tenía que caminar de regreso a casa, pero a estas alturas a menudo ya estaba borracho.

Recuerdo la noche en que escuché un golpe en la puerta, y un señor que yo no conocía informó a mi papá: "Tu padre está borracho y se ha caído en la calle junto a la acera. Mejor ve a ayudarlo". Mi papá me miró y dijo: "Ponte el abrigo. Necesito que me ayudes. Caminé con mi papá sin saber qué vería. Cuando llegamos, mi abuelo yacía en la calle junto a la acera y balbuceaba palabras sin sentido a la vez que nos hablaba con dureza cuando llegamos. Mi papá y yo lo levantamos, lo acompañamos a su casa y lo acostamos. Mientras volvía a casa con mi papá sentía lástima por mi abuelo. Aquella noche decidí no beber alcohol. Tenía doce años. Mi abuelo vivió varios años después de ese incidente, pero nunca pudo abandonar el consumo de alcohol. Hoy, cuando pienso en él, todavía siento tristeza. Siempre he estado agradecido de haber tomado esta sabia decisión.

Yo (Clarence) tuve una experiencia muy diferente. Cuando tenía catorce años, una prestigiosa escuela preparatoria vino a nuestra escuela para reclutar estudiantes. Seleccionaron a los jóvenes que clasificaron del uno al siete en octavo grado. Desdichadamente, clasifiqué de número nueve. Me desilusioné y me sentí rechazado. La escuela preparatoria era impresionante, ventajosa y gratuita debido a las becas completas que ofrecían. Estaba desesperado por ir. Mi familia era pobre. Puesto que siempre estaba en problemas con mis padres, esperaba una nueva aventura: vivir lejos de casa. De alguna manera, me lo perdí.

Cuando mis amigos, que asistieron a la escuela preparatoria, llegaron a casa para la Navidad, no podía esperar para escuchar todas sus historias sobre la nueva escuela. Físicamente, nunca había puesto un pie en el campus de una escuela preparatoria. Mentalmente, visité la escuela preparatoria a la que asistieron mis amigos a través de sus historias.

Fuimos a la casa de un amigo para nuestra reunión. Los chicos de la escuela preparatoria eran "dioses" a los ojos de todos los que no asistíamos a una escuela preparatoria. Estos "dioses", que aún eran nuestros amigos, hablaban de toda la riqueza de la escuela, con sus tres comidas diarias abundantes en una hermosa cafetería, aulas, dormitorios, gimnasios y canchas de tenis. ¡Escuchamos atentamente cada una de sus palabras! La escuela preparatoria de ellos era solo para varones, pero también hablaron de la escuela preparatoria de su hermana, de las hermosas muchachas adineradas y la diversión de sus programas sociales.

Mis amigos, las drogas y yo

Todos estábamos emocionados de escuchar sus historias, pero lo que vino después nunca lo olvidaré,

¡hasta el día de hoy! Inesperadamente, bajaron la voz cuando comenzaron a contarnos sus experiencias con las drogas. Los escuchamos con los ojos bien abiertos. Ninguno de los que no habíamos sido aceptados en la escuela preparatoria habíamos experimentado con las drogas, porque sabíamos que, si nos atrapaban, ¡nuestros padres nos matarían! Cuando estábamos en la secundaria, el Gobierno de los Estados Unidos se comprometió a luchar contra las drogas en lo que llamó "la guerra contra las drogas". El comercial antidrogas más eficaz de mi época tenía este lema: "¿Las drogas te llevarán a lo más alto o a lo más bajo?". Los que no asistíamos a esa escuela preparatoria estábamos bastante convencidos por estos comerciales de que las drogas no eran la mejor opción, pero nuestros amigos de toda la vida nos contaron una historia diferente.

Cuando comenzaron a hablar sobre las drogas, sus ojos se iluminaron. Mientras escuchaba, me sorprendió lo accesibles que eran las drogas, y que para ellos las drogas fueran gratuitas, sin la amenaza de disciplina de los padres. Comentaron que sus compañeros de escuela eran ricos y les compraban las drogas. Mientras continuaban hablando con entusiasmo, recordaban sus diversas experiencias con las drogas. Contaron cómo las drogas tomaban el control de su mente y su cuerpo. Luego, uno de ellos mencionó que mientras tomaba LSD recordaba que la habitación comenzó a "respirar". Otros amigos contaron sobre los diferentes efectos que experimentaban en su mente. Después, nuestros amigos de la escuela preparatoria nos ofrecieron drogas gratis.

Una decisión que nos cambia la vida

Durante la mayor parte de mi vida hasta ese momento, había sido un chico admirado y miembro del grupo popular, pero definitivamente no era un líder de grupo. Prefería seguir a otros, pero ese día comenzó un cambio en mi vida. No aceptaba consumir una sustancia que tomara el control de mi mente y mi cuerpo. Cuando llegó el momento de la verdad, y me llegó el turno de consumir drogas, dije: "Chicos, saben que son mis amigos. Y espero que lo sigamos siendo, pero no consumo drogas". Pronto me fui. Los muchachos me respetaron y yo los respeté. Seguimos siendo amigos. Me fui solo, tal como vine. De camino a casa, me sentí bien conmigo mismo porque había tomado la decisión correcta y no violé mi conciencia. Empecé a sentirme mejor conmigo mismo. Mis amigos y yo seguíamos haciendo cosas juntos, pero ese día comencé a convertirme en mi propio hombre, un líder, no solo un seguidor de otros chicos que pensé que eran populares. En realidad, las drogas no los hacía ser chicos populares para mí. Algo dentro de mí me decía que, aunque no me considerarían como un chico popular, decir que "no" a las drogas fue la decisión correcta.

Otra razón por la que dije que "no" a las drogas fue porque estaba tratando de ser un buen jugador de baloncesto. No podía correr el riesgo de permitir que las drogas echaran a perder mis sueños de jugar al baloncesto en la universidad.

El alcohol y yo

Por otro lado, mi decisión de no beber alcohol fue diferente. Dos de mis tías bebían alcohol. Cuando tenía diez años, una de ellas me dio un sorbo de su cerveza. Su sabor amargo me hizo rechazar la cerveza. La otra me dio un poco de licor. Los resultados fueron los mismos. Así que durante los años siguientes nunca tuve deseos de beber alcohol.

Cuando cumplí dieciséis años, ya estaba jugando baloncesto; sin duda alguna, las chicas y las fiestas estaban incluidas en mi agenda. Mi papá sabía que había bebidas en las fiestas a las que asistía. Entonces, un día me llevó a la cocina y me dijo: "Sé que en las fiestas a las que asistes hay alcohol, e imagino que también hay drogas. ¡Si te atrapo con drogas, te mataré!; pero si bebes, prefiero que te emborraches en casa". Sacó una botella de alcohol y dijo: "Bebe todo lo que quieras". No pude hacerlo. **De alguna manera, ese momento borró en mí el deseo de beber alcohol**, y tomé la sabia decisión de no confundir mi mente con alcohol. Después de tomar la decisión de no beber, papá eliminó todo el alcohol de la casa.

Gary: Mi decisión de abstenerme de las drogas quedó grabada en mi mente para siempre. Fue una hermosa tarde de otoño. Estaba jugando baloncesto en el patio trasero con unos amigos. Detrás del área donde estábamos jugando había un enorme campo cubierto de vegetación de verano. De repente, escuchamos el rugido de una motocicleta y, al levantar la vista, vimos la motocicleta cruzar la carretera y salir volando hasta caer en el campo. Corrimos al lugar del accidente y nos dimos cuenta de que el conductor estaba gravemente herido. Uno de mis amigos regresó corriendo a su casa y pidió ayuda. Intentamos hablar con el conductor de la motocicleta, pero nunca dejó de gritar para escuchar lo que estábamos tratando de decir. Pronto llegaron los paramédicos y lo retiraron cuidadosamente de la motocicleta, lo metieron en la ambulancia y se marcharon. No creo que alguna vez borre esa imagen de mi mente. Me sentía muy mal por el joven, y muy impotente.

A la semana siguiente descubrimos que el joven estaba muy drogado cuando salió despedido de la carretera. Aquella noche prometí que nunca probaría las drogas. No sé qué le pasó al joven, si vivió o murió, pero sabía que no quería tomar ese camino.

Las consecuencias del uso de alcohol y drogas

Como hombres adultos, ahora miramos a nuestros amigos que eligieron la ruta popular y experimentaron con el alcohol y las drogas en la adolescencia. Puede que parecieran chicos populares en la escuela secundaria, pero la mayoría de ellos ahora no lo son. La mayoría nos dice: "¡Desearía no haber consumido drogas en ese entonces porque ahora estoy pagando las consecuencias!".

Clarence: A algunos de los muchachos que consumieron drogas aquella noche, cuando estábamos en la casa de mi amigo, no les fue bien. Algunos se volvieron adictos a las drogas. Cuando regreso a mi ciudad natal, es triste verlos hoy que ya son adultos. Algunos tienen problemas mentales; otros tienen una serie de relaciones rotas y dificultades para mantener un trabajo. Algunos de ellos no tienen hogar. Viven en un refugio y se ven muy viejos. Las drogas han cobrado un precio muy grande a sus cuerpos. No todos los que consumieron drogas se volvieron adictos. Algunos continuaron teniendo trabajos responsables y se convirtieron en ciudadanos productivos en la comunidad. Estoy agradecido por ellos.

Hace algunos años, me hice amigo del cocinero de un club de tenis en Tulsa. Era un adicto a la cocaína en recuperación, que había estado limpio durante años. Sin embargo, algo sucedió; se deprimió y luego volvió a tomar cocaína para tratar de escapar de su problema. Tuvo una recaída. Perdió su empleo, su departamento, todo.

Uno de mis vecinos era un adicto a la metanfetamina en recuperación. Cuando lo conocí, había estado limpio durante un año y diez meses. Tuvo una recaída y luchaba a diario con la fuerza de su adicción. Además, luchaba diariamente con la amenaza de perder a su esposa e hijos, hasta que finalmente los perdió. Murió hace poco. Su hermano dijo: “Nunca pudo vencer su adicción a las drogas”. Ante situaciones como estas, me alegra haber tomado la sabia decisión de no arruinar mi mente con el alcohol y las drogas.

La decisión es tuya: ¿qué decisión tomarás?

Hace años, yo (Clarence) escuché que un consejero de la Asociación Nacional de Baloncesto (NBA) decía a los jugadores que estaban entrando en su temporada de novatos: "Tendrán opciones, decisiones y consecuencias".

Continuó: "Las decisiones que tomen siempre tendrán consecuencias. ¿Están dispuestos a pagar las consecuencias de algunas de las decisiones que tomen?". Fue un recordatorio solemne para mí que mis decisiones eran extremadamente importantes.

Nunca hemos conocido a nadie que lamentara haber tomado la decisión de no arruinar su cerebro con alcohol y drogas. Sin embargo, hemos conocido a cientos de individuos que tomaron la decisión *popular* de probar las drogas mientras eran jóvenes y, más tarde, lo lamentaron. ¿Y qué me dices de ti? ¿Las drogas y el alcohol te llevarán a lo más alto o a lo más bajo? ¿Vale la pena el riesgo?

Pregúntate...

1. **¿Alguna vez te ofrecieron drogas o alcohol? ¿Aceptaste o rechazaste el ofrecimiento? ¿Qué te llevó a tomar esa decisión?**

2. **Si consumes drogas y alcohol, ¿por qué continúas haciéndolo? ¿Tienes amigos implicados en el abuso de drogas y alcohol? ¿Qué puedes aprender de su decisión?**

3. **¿Te pedirían amigos de verdad que te arriesgues a dañar tu cerebro o ir a la cárcel por el uso ilegal de drogas?**

4. **¿Tus padres te han influenciado positiva o negativamente con respecto al uso de drogas? ¿Qué quisieras decir a tus padres?**

5. **Piensa en esto: Cuando tomas la decisión de rechazar el alcohol y las drogas, te conviertes en un líder e influyes positivamente en los demás.**

Visita los siguientes sitios web para obtener información sobre las drogas y el alcohol:

https://www.drugabuse.gov/es/en-espanol.

DECISIÓN SABIA #8

VIVE CADA VEZ MÁS FELIZ

PARTE B: EVITA EL TABACO Y LA MARIHUANA

Cuando yo (Clarence) tenía diez años, mi hermana mayor, Jean, y yo entramos a escondidas a la habitación de mis padres y robamos un cigarrillo del paquete de mi padre. Ya había convencido a Jean de que intentara fumar conmigo. Finalmente, conseguimos encender el fósforo. Desde luego, éramos novatos en esto, ¡además de estar nerviosos por temor a que nos atraparan!

Una vez que encendimos el cigarrillo, ambos inhalamos un par de veces, lo que de inmediato nos causó mucha tos. A ninguno de nosotros nos gustó el sabor de los cigarrillos de papá. ¿Qué nos motivó a tratar de fumar? Creo que queríamos ser como nuestro padre. Trabajaba para una compañía de tabaco, y parecía que la mayoría de los adultos que conocíamos fumaban. Incluso en las repeticiones televisivas de películas antiguas, todos los actores y actrices fumaban. Parecía ser algo de adultos. Creo que también queríamos ver lo que nos estábamos perdiendo, porque mamá y papá nos habían dicho que no podíamos fumar.

Durante mis años de secundaria, fumar era común para los estudiantes. Sin embargo, la gran mayoría de los dos mil estudiantes de mi escuela no fumaba. Como atleta, me dijeron que no fumara porque fumar me dificultaría la respiración. Nuestros entrenadores creían que fumar dañaría nuestros pulmones. Puesto que era atleta y, además, bajo de estatura, me preocupaba que fumar pudiera detener mi crecimiento. No sabía si eso era cierto o no, pero estaba desesperado por ser más alto, así que no podía arriesgarme.

Para algunos, aunque desde luego no era cierto para todos los que fumaban, fumar un cigarrillo era el primer paso antes de experimentar con las drogas. De hecho, algunos de mis amigos de la secundaria que fumaban siguieron con la marihuana. Por el contrario, yo decidí no fumar.

Mi padre (Gary) también fumaba cigarrillos. De hecho, fue su costumbre de fumar lo que me convenció de no fumar. Mi papá no solo trabajaba en la fábrica textil local, sino que también tenía una empresa de pintura de casas a tiempo parcial. Cuando tenía trece años, me enseñó a pintar y trabajé con él en muchos de sus proyectos. Ese fue el año cuando decidí no fumar. Mi padre tenía un problema de tos crónica. El médico le dijo que era a causa de fumar cigarrillos. Sin embargo, siguió fumando. Recuerdo que un día, mientras estábamos pintando, se encontraba en la parte superior de una escalera cuando tuvo un ataque tan fuerte de tos que se vio obligado a bajar de la escalera. Cuando sus pies tocaron el suelo, su episodio de tos ya era muy violento e controlable. Cuando finalmente recuperó la compostura, lo vi meter la mano en el bolsillo y sacar su paquete de cigarrillos. Lo tomó entre sus manos y lo estrujó para destruir los cigarrillos que quedaban. Los arrojó al suelo y dijo: "Nunca más fumaré otro cigarrillo". Algo dentro de mí se sintió sumamente orgulloso de mi padre. Ese día decidí que nunca fumaría cigarrillos. No quería pasar por todos los problemas físicos que había visto enfrentar a mi padre. A partir de ese día, nunca fumó. Cuando tenía ganas de fumar, se colocaba una pequeña pastilla de menta en la boca como sustituto, y cortó con su adicción al tabaco.

Lo creas o no, en aquellos días nadie sabía que el tabaco causaba cáncer. Si bien era obvio que fumar provocaba dificultades para respirar acompañada de tos seca, nadie sabía que era mortal. Justo hoy, al sintonizar la radio pública mientras conducía hasta el trabajo, escuché a un médico hacer esta declaración: "El agente causante de cáncer número uno en este país es el tabaco. Debemos encontrar una manera de ayudar a los jóvenes a tomar la decisión de evitar el consumo de tabaco". No escuché el nombre del médico, pero lo que estaba diciendo ahora es de dominio público entre los que participan en la investigación del cáncer.

Ante el conocimiento de este vínculo entre los cigarrillos y el cáncer, en 2004, Hollywood comenzó a reducir las escenas donde se fumaba en sus películas. ¿Por qué Hollywood tomó esta decisión? Fue en respuesta a los siguientes datos reales:

- El 90% de los fumadores comenzó a fumar antes de los 21 años.
- Todos los días, casi 3.900 adolescentes menores de 18 años prueban su primer cigarrillo. Más de 950 de ellos se convertirán en fumadores diarios.
- Alrededor del 30% de los fumadores adolescentes continuará fumando y morirá antes de tiempo por una enfermedad relacionada con el hábito de fumar.
- Los fumadores adolescentes tienen más probabilidades de tener ataques de pánico, trastornos de ansiedad y depresión.
- 1 de cada 5 adolescentes adictos al cigarrillo fumará de 13 a 15 por día.
- Se venden aproximadamente 1,5 millones de paquetes de cigarrillos a menores cada año.
- Fumar puede envejecer la piel más rápido, solo superado por el efecto que la exposición al sol tiene sobre las arrugas prematuras.
- En promedio, los fumadores mueren entre 13 y 14 años antes que los no fumadores.
- Según la Oficina del Cirujano General de los Estados Unidos, los adolescentes que fuman tienen 3 veces más probabilidades de consumir alcohol, 8 veces más probabilidades de fumar marihuana y 22 veces más probabilidades de consumir cocaína.
- Los pulmones de los adolescentes que fuman no se desarrollarán por completo, lo que los pone en mayor riesgo de padecer enfermedades pulmonares.[1]

¿Por qué no conviene la marihuana?

Al igual que en los viejos tiempos en que las personas fumaban, muchos dicen que la marihuana es inofensiva. Afirman que la marihuana solo te tranquiliza, te relaja. La marihuana, como cualquier droga, te controla. No es que tú la controles. Esta realidad siempre ha sido nuestra preocupación, y por este hecho, te instamos a ti y a otros jóvenes a tomar la sabia decisión de no consumir marihuana.

A la hora de tomar decisiones, un principio esencial es observar los efectos a corto y largo plazo de la decisión que tomes. Asegúrate de ver el panorama general de las cosas. Aquí hay algunos datos reales sobre el consumo de marihuana.[2]

Efectos a corto plazo

En dosis bajas, la marihuana produce:

- Mala memoria y menor capacidad de aprender.
- Dificultad para pensar y resolver problemas.
- Mala coordinación muscular y de juicio.
- Periodo de atención corto.
- Conducta peligrosa.

- Alteración del sentido del tiempo y el espacio.
- Antojos de alimentos.

En dosis mayores, la marihuana produce:

- Alucinaciones.
- Delirios.
- Mala memoria.
- No saber dónde está uno.
- Ataques de ansiedad o sentimientos de paranoia.
- Depresión.

Efectos a largo plazo

- Cáncer. La marihuana contiene los mismos químicos que causan cáncer, que se encuentran en el humo del tabaco.
- Problemas respiratorios. Produce los mismos tipos de problemas respiratorios que los cigarrillos: tos y sibilancias.
- Daño al sistema inmune. El THC de la marihuana puede dañar los tejidos y las células del

cuerpo que ayudan a proteger contra las enfermedades.

- Deterioro de la memoria, el aprendizaje y la energía.
- Problemas de fertilidad. Disminución de las hormonas reproductivas. En los hombres, menor cantidad de testosterona, lo que puede causar una disminución en el conteo de espermatozoides y una posible disfunción eréctil. En las mujeres, puede provocar períodos irregulares. Ambos problemas pueden dar lugar a una disminución de la capacidad de concebir, aunque no conduzca a una infertilidad total.
- Defectos de nacimiento en niños no nacidos.

(Fuente: www2.courtinfo.ca.gov/stopteendui/teens/resources/sustancias/marijuana/short-and-term-term-effects.cfm)

Para obtener más información sobre estos y otros datos ciertos, visita:

https://www.drugabuse.gov/es/publicaciones/drugfacts/la-marihuana

Veamos también lo que ocurre al conducir bajo los efectos de la marihuana. Fumar marihuana ralentiza tu respuesta a las imágenes y los sonidos, lo que te convierte en un conductor peligroso. La marihuana te provoca sueño, distorsiona tu sentido del tiempo y el espacio, y disminuye tu capacidad de adaptación a la luz y la oscuridad. También reduce tu capacidad de tener reacciones rápidas mientras conduces. Entonces, el mayor problema de conducir bajo los efectos de la marihuana son los hechos inesperados, como un automóvil que se acerca desde una calle lateral o un niño que se cruza por delante. La posibilidad de tener una pobre reacción es peor cuando conduces de noche porque la marihuana causa una pérdida severa de visión nocturna. Por lo tanto, no solo te instamos a tomar la sabia decisión de no consumir marihuana, sino que te advertimos que nunca te subas a un automóvil con alguien que esté bajo la influencia de la marihuana.

Algunos de ustedes pueden estar pensando que, puesto que yo (Clarence) vivo en uno de los estados donde la venta de marihuana es legal, ¿cuál es el problema? Es cierto que en algunos estados no estarías infringiendo la ley. Sin embargo, desdichadamente, solo porque algo es legal no significa que sea beneficioso. Según Bill Briggs, un estudio de la marihuana en Colorado ha descubierto que la hierba legal contiene niveles potentes de THC, lo que significa que la "marihuana de Colorado es casi el doble de potente que la marihuana ilegal de las últimas décadas".[3] ¿Qué significa esto? Significa que debes multiplicar la lista completa de factores negativos por dos si compras y consumes marihuana legal.

La marihuana y el escapismo

Algunos de ustedes pueden sentir que las presiones de la vida, como los conflictos en el hogar, las dificultades en la escuela u otros problemas personales, les dan una razón justificable para consumir marihuana a fin de escapar de sus circunstancias presentes. El problema de intentar escapar mediante el uso de marihuana es que, una vez que desaparece el efecto de la droga, tus problemas siguen ahí. De hecho, es posible que hayas aumentado tus problemas porque las drogas afectarán tu salud. **La mejor manera de lidiar con tus problemas personales es dialogar con tus padres o un adulto de confianza y permitir que te ayuden a encontrar maneras saludables de lidiar con esos problemas.**

¿Vale la pena pagar con tu salud por el consumo de marihuana?

Ambos conocemos a muchas personas que comenzaron a fumar cigarrillos cuando eran adolescentes, luego siguieron con la marihuana, luego con el alcohol y otras drogas. Hemos pasado gran parte de nuestras vidas tratando de ayudar a esas personas en nuestras oficinas de consejería. Hemos visto cuán destructivo puede ser este camino. Yo (Clarence) tengo dos amigos personales que comenzaron a consumir marihuana cuando eran adolescentes. Ambos hombres son más jóvenes que yo, pero parecen mucho mayores. Uno de ellos ahora habla muy despacio y tiene dificultades para procesar la información. ¡Su memoria se ha deteriorado drásticamente! Observar a estos dos hombres tras el paso de los años, y ver a innumerables otros en la cárcel o vivir en la calle, es todo el incentivo que necesito para decir "no" a la marihuana y otras drogas nocivas para la mente.

¡Esta debería ser una decisión fácil!

Creemos que la decisión de si se debe consumir tabaco, marihuana o cualquier otro tipo de droga es bastante obvia. Simplemente, no vale la pena. La vida puede ser bastante difícil con nuestros problemas existentes. No hay necesidad de aumentar tus problemas al tomar el camino del consumo de drogas.

Ambos somos hombres adultos que hemos disfrutado de una relación matrimonial amorosa y de la crianza de nuestros hijos. Yo (Gary) ahora también disfruto de compartir la vida con mis dos nietos. Detestamos pensar dónde podríamos haber estado si hubiéramos elegido el camino del consumo de drogas.

Hace tres semanas visité a un hombre que estaba conectado a un tanque de oxígeno con dos tubos de plástico en la nariz para poder respirar. Había estado tosiendo repetidas veces durante nuestra conversación cuando dijo: "Ojalá nunca hubiera empezado a fumar cigarrillos cuando era adolescente. Nunca consumí marihuana u otras drogas, pero el tabaco solo me ha complicado la vida, y sé que pronto moriré". Su declaración me conmovió en lo más profundo, porque me di cuenta de que, si hubiera tomado la misma decisión de fumar cigarrillos cuando era adolescente, en el presente también podría estar conectado a un tanque de oxígeno.

Ahora bien, podrías estar pensando: "¿Qué hay de los cigarrillos electrónicos? ¿No estás inhalando humo sino solo vapor de agua?". Dos cosas me vienen a la mente. Primero, los cigarrillos electrónicos siguen conteniendo las mismas drogas que sus primos de hojas y papel. En segundo lugar, *supuestamente* son menos destructivos para los pulmones. Recuerda la historia de los cigarrillos cuando actores, anunciantes e incluso algunos médicos pensaban que realmente proporcionaban *beneficios* para la salud. Todavía no se conocen los efectos a largo plazo de los cigarrillos electrónicos, pero las propiedades adictivas de sus ingredientes activos no son ningún misterio. No decidas ser una rata de laboratorio para la industria de los cigarrillos electrónicos.

El momento de pensar en tu salud es ahora. Solo tienes un par de pulmones, y te deben durar toda la vida. Son como los dientes. Tienes que cuidarlos ahora para que puedan servirte más adelante. La decisión es tuya. Esperamos que seas valiente y tomes la sabia decisión de no destruir tus pulmones con tabaco y marihuana.

Nos gustaría animarte a hablar sobre esta decisión con tu padre, tu madre o un adulto de confianza. Es posible que quieras conversar sobre las siguientes preguntas con ellos.

Pregúntate...

1. ¿Alguna vez fumaste un cigarrillo? Si es así, ¿cuántos años tenías cuando lo hiciste?

2. Si fumaste un cigarrillo de tabaco o marihuana, ¿cómo te sentiste al fumar? ¿Te hizo sentir más grande, más duro, más como lo que crees que debería ser un hombre? ¿Por qué crees que necesitas fumar para sentirte así?

3. ¿Has fumado o fumas debido a la presión de grupo? ¿Crees que fumar para impresionar a tus amigos es sabio? Si necesitas fumar para impresionarlos, ¿son realmente tus amigos?

4. Si estás fumando, ¿lo estás haciendo legalmente? Si estás infringiendo la ley, ¿cómo te hace sentir eso? Si infringes la ley, ¿estás dispuesto a pagar las consecuencias?

5. Ya sea que estés fumando o no, ¿pensaste en los efectos a corto y largo plazo de fumar cigarrillos de tabaco o marihuana para tu salud? ¿Pensaste en los efectos de la marihuana a la hora de conducir (si tienes la edad suficiente para conducir)?

6. Si tienes la edad suficiente para conducir, ¿alguna vez condujiste bajo los efectos de la marihuana con tus amigos en el automóvil? ¿Te

imaginas cómo te sentirías si, mientras condujeras drogado, tuvieras un accidente y uno de tus amigos muriera?

7. **Si eres un atleta o quieres llegar a serlo, ¿cómo te sentirías si tu equipo perdiera un juego por estar bajo los efectos de la marihuana? ¿Crees que alguno de ellos aceptaría tu excusa de estar drogado?**

Si necesitas ayuda para dejar de fumar cigarrillos de tabaco o marihuana, a continuación encontrarás dos recursos gratuitos [solo disponibles en inglés] para obtener más información:

https://therealcost.betobaccofree.hhs.gov

y

http://smokefree.gov

DECISIÓN SABIA #9

DESARROLLA AMISTADES HETEROGÉNEAS

Una de las realidades del ser humano es que todos somos diferentes. Algunos son altos, otros son bajos, algunos hablan inglés y otros, chino, francés, alemán, español o muchos otros idiomas.

Nuestro color de piel muchas veces es distinto. Yo (Gary) recuerdo una canción que me enseñaron cuando era niño: "Marrón, amarillo, blanco y negro, son preciosos para Él. Jesús ama a los niños pequeños del mundo". Siempre estuve agradecido de que mis padres me enseñaran esta canción. Pienso que la creencia de que Dios ama a todos los seres humanos por igual me ayudó a relacionarme con personas con un color de piel diferente.

Cuando era adolescente, el mundo era muy distinto. Los afroamericanos iban a una escuela. Los blancos iban a otra escuela. Lo mismo sucedía en la iglesia. Lo mismo ocurría en las comunidades donde vivíamos. Sin embargo, como todos éramos seres humanos, teníamos una forma de relacionarnos como amigos. Mi primo, que vivía al lado, tenía un aro de baloncesto en su patio trasero. Todas las tardes y los sábados, adolescentes de la comunidad negra venían a nuestro patio trasero y nos uníamos para jugar al baloncesto. Era un momento divertido. Era uno de los lugares donde podíamos relacionarnos como iguales. Todavía tengo recuerdos agradables de esos juegos porque jugábamos juntos, en equipo, no uno contra el otro. Éramos solo unos adolescentes que vivíamos en un mundo que no habíamos creado, pero encontramos una manera de desarrollar amistades más allá de las líneas raciales. No teníamos adolescentes nativos americanos, latinos o asiáticos que vivieran cerca de nosotros, pero estoy seguro de que, si los hubiéramos tenido, los habríamos invitado a jugar con nosotros.

Me alienta ver que, en el mundo de hoy, que es muy diferente del mundo donde crecí, todas las razas van juntas a la escuela. Las personas pueden vivir legalmente en cualquier comunidad que deseen, y todos los deportes están abiertos a negros, blancos y otras razas. Sin embargo, me entristece ver que, a pesar de que tenemos más oportunidades de interactuar con personas de diferentes orígenes, a menudo no podemos desarrollar amistades más allá de las líneas raciales.

Todos somos iguales a los ojos de Dios

Desarrollar amistades con personas de otra raza no siempre es fácil. A veces, los miembros de tu propia raza te preguntarán por qué te juntas y eres amigable con personas que no son semejantes a ti. Pueden acusarte de abandonar tu propia raza. Esto sucede especialmente en los Estados Unidos, que cuenta con una historia de esclavitud, donde durante generaciones los blancos subyugaron a los negros, lo que originó un gran resentimiento. Estoy profundamente agradecido de que ese capítulo de la historia de los Estados Unidos llegara a su fin y los esclavos fueran libres mucho antes que yo naciera. Me entristece que trataran (y aún sucede a veces) a tantas personas como ciudadanos de segunda clase. Muchos blancos han tenido una actitud de superioridad, y muchos negros se han sentido o han sido perseguidos. Me entristece aún más que, en la cultura actual, sigamos viendo resentimiento entre negros y blancos. Debido a esta historia, muchos negros y blancos aceptan mucho más las culturas asiática, hispana y nativa americana que los demás.

Creo que esto se puede cambiar si podemos redescubrir la realidad de que **todos somos iguales ante Dios y que debemos tratarnos como iguales.** Creo que tu generación tiene el potencial de hacer que esto suceda. En mi opinión, no sucederá por decisiones políticas, sino cuando un individuo de una raza se acerque para hacerse amigo de alguien de otra raza.

Yo (Clarence) creo que hay muchos beneficios de desarrollar amistades interculturales o raciales. Uno de esos beneficios es que aprendemos a ver a las personas como individuos, y no simplemente como nativos, asiáticos, africanos, hispanos o angloamericanos. Nos damos cuenta de que, en cada grupo racial, cada individuo es importante. Por lo general, desarrollamos amistades con personas que conocemos en el curso normal de la vida. Como mencioné anteriormente, cuando era adolescente me encantaba el baloncesto.

Caminaba cuatro millas para entrar a escondidas al gimnasio de Wake Forest University para jugar contra estudiantes universitarios. Quería ser el mejor, lo que solo sucede cuando juegas contra los mejores.

En una de esas ocasiones conocí a Denny Hooks, hijo del director atlético de Wake Forest, Gene Hooks. Inicialmente, no me gustaba Denny. No porque fuera blanco, sino porque él y yo éramos muy competitivos. A menudo nos protegíamos unos a otros. Denny fue uno de los mejores tiradores puros que he visto. Él y yo desarrollamos una amistad debido a nuestro respeto mutuo por las destrezas que cada uno tenía para el baloncesto. Seguíamos conversando después de los juegos, y él me invitaba a su casa a comer. En esos días, había una liga de baloncesto YMCA completamente para negros. Si bien se habían aprobado las leyes de los derechos civiles, en realidad gran parte de nuestra ciudad aún estaba segregada. Denny me sorprendió un día cuando me preguntó si él y algunos de sus amigos podían unirse a nuestra liga de jugadores negros. De mala gana dije que sí, pero me preguntaba cómo protegeríamos a estos jóvenes blancos en la zona de negros de la ciudad.

En realidad, ganamos nuestro primer juego. En ese primer juego, Denny recibió una dura falta que los árbitros, que también eran negros, no cobraron. Estaba a punto de golpear al jugador que le había cometido la falta cuando Denny me dijo: "¡Clarence, tengo que ganarme el respeto en esta liga también! Puedo manejar el juego físico". En ese momento, ¡se convirtió en mi hermano debido a su tenacidad! El hecho de que Denny fuera blanco no era un problema para mí. Era un amigo que compartía el interés común de jugar al baloncesto.

En cada grupo racial hay personas buenas y malas. Esto no tiene nada que ver con el color de la piel, sino con la actitud. Aquellos que decidan dedicar sus vidas a ayudar a otros verán a las personas como individuos y buscarán ser amigos sin importar su origen racial. **Aquellos que decidan enfocarse en las cosas negativas que les han sucedido en la vida sentirán que necesitan buscar venganza.** Harán cosas que no solo lastimarán a los demás, sino que finalmente se lastimarán a sí mismos.

Yo (Gary) recuerdo el día cuando un señor mayor me dijo: "¿Quién es el tipo negro que estuvo hoy en la iglesia?". Respondí: "No es un tipo negro, es Clarence". Cuando nos hacemos amigos, no nos enfocamos en la identidad racial del otro, pero tampoco la ignoramos. Más bien los vemos como individuos que tienen un gran potencial, y decidimos estar con ellos y ser un amigo que los ayude a alcanzar su potencial.

El segundo valor de desarrollar amistades con quienes tienen un origen diferente al tuyo es que aprendemos mucho unos de los otros. Después de mi segundo año en la universidad, yo (Gary) trabajé como consejero en un programa de campamento de verano para estudiantes afroamericanos. Yo era el único consejero blanco en todo el campamento. Tenía doce jóvenes negros en mi cabaña a quienes llegué a amar mucho. Enriquecieron mi vida y me agrada saber que les devolví el favor. Nunca olvidaré la lección que aprendí de un joven al que llamaré Teo. En el campamento, Teo había decidido que quería ser un seguidor de Jesús. Habíamos enseñado los principios de honestidad. Habíamos hablado de asumir la responsabilidad de nuestras acciones y, si hacíamos algo que estaba mal, debíamos confesar y buscar restitución. Teo me dijo: "Hace cuatro años robé en una tienda. Ahora que soy cristiano siento que tengo la responsabilidad de reconocer ante el dueño de la tienda lo que hice y recibir el castigo que merezco". Le dije: "Sabes que, si haces eso, existe la posibilidad de que tengas que ir a la cárcel". Me miró fijamente a los ojos y dijo: "Lo sé, y estoy dispuesto a hacerlo. Quiero hacerme cargo de mi mala acción".

Me preguntó si iría con él a confesar su acto de robo. No tenía automóvil, así que le dije: "Déjame hablar con el director del campamento y ver si nos da un automóvil, y si lo hace, iré contigo". El director del campamento fue un hombre muy sabio. Nos animó a hacer el viaje al pequeño pueblo de Sweetwater, Tennessee. Teo sabía dónde vivía el hombre que era dueño de la tienda. Era un hombre blanco. Llamamos a la puerta principal juntos. Cuando el hombre llegó a la puerta, Teo dijo: "Quizás recuerde hace cuatro años cuando robaron algunas cosas de su tienda. Nunca me atraparon, pero soy el joven que le robó esas cosas. Estuve en el campamento bíblico este verano, me convertí en un seguidor de Jesús y estoy tratando de corregir los errores de mi vida. Por eso he venido a confesar y hacer lo que sea necesario para rectificar".

El dueño de la tienda me miró y dijo: "¿Y quién eres tú?". Le dije: "Soy un consejero del campamento bíblico, y vine con Teo porque quería confesar su mala acción". El hombre había estado parado detrás de la puerta mosquitero, pero en ese momento salió al porche. Tomó a Teo de la mano, lo miró a los ojos y le dijo: "Joven, yo también soy seguidor de Jesús, y quiero agradecerte por tener el coraje de venir y confesarme tu fechoría. Y porque lo has confesado quiero perdonarte y decirte que estoy orgulloso de ti". Se abrazaron y ambos lloraron, como yo. Ese fue el día que aprendí a confesar mis malas acciones a los que había herido, y también a perdonar a los que me han hecho daño. Fue una de las lecciones más importantes que he aprendido, y espero que tú también.

Mientras yo (Clarence) estoy aquí escribiendo este libro, me doy cuenta de cuánto he aprendido de Gary Chapman. Te conté antes cómo nos conocimos en el gimnasio de la iglesia donde trabajaba con jóvenes. Iba a su casa casi todos los viernes por la noche y, a menudo, me invitaban a volver los sábados. Mi padre murió cuando yo tenía veinte años. Gary se convirtió en mi segundo padre. Nos dio el curso de consejería prematrimonial a Brenda y a mí. Fue el hombre de honor de mi boda. (¿No debería ser el novio el "hombre de honor"?). Es un abuelo para mis hijas, y considero a sus hijos como mis hermanos menores.

Respeta las diferencias

Otro beneficio de las amistades interraciales es que aprendemos a respetar las diferencias en lugar de rechazarlas. Yo (Clarence) siempre recordaré la oportunidad que tuve de ir a Brasil y jugar contra su equipo olímpico de baloncesto. Mis amigos brasileños me enseñaron a hablar portugués lo suficiente para que pudiera presentarme, mantener una breve conversación y contar cómo conocí a Cristo. Los rostros de los brasileños se iluminaban al escucharme hablar en su idioma, y mi rostro se iluminaba al ver su hospitalidad.

Mientras estaba en Brasil, los familiares de quienes me enseñaron portugués nos invitaron a cenar a otro jugador y a mí. Todo estuvo bien hasta que nos dieron ensalada. Nos habían dicho que no comiéramos verduras o ensaladas que no estuvieran cocidas. Había problemas de salud. Nuestros anfitriones brasileños comentaron en portugués: “No creen que nuestra ensalada esté limpia” (entendí lo que dijeron). Mi compañero de equipo y yo los estábamos ofendiendo en su casa. Entonces le dije que teníamos que comer la ensalada, aunque nos enfermáramos. Él se negó. Yo decidí comer la ensalada, y los anfitriones sonrieron. Y no me enfermé. **Desarrollar amistades con personas de otros países y diferentes orígenes raciales amplía nuestro mundo y nos brinda una comprensión más profunda de las diferencias culturales.** Esas experiencias te ayudan a aprender más sobre ti.

Otra diferencia observable es la forma en que las personas hablan el idioma inglés. Por lo general, decimos que las personas tienen diferentes dialectos. Algunos de estos tienen que ver con el lugar donde crecieron. Por ejemplo, el dialecto del sur es muy diferente al dialecto de Nueva Inglaterra, aunque se trate de personas con el mismo origen racial. Sin embargo, algunas de estas diferencias tienen sus raíces en nuestros orígenes raciales. Un joven de la India hablará el idioma inglés con un acento muy diferente al de una persona que creció en los Estados Unidos. Si no conoces a la persona que habla, podrías pensar: "tiene un acento extraño". Sin embargo, si te conviertes en su amigo, es probable que digas: "Me gusta su acento". El trasfondo racial también afecta nuestro vocabulario. Yo (Gary) aprendí muchas palabras nuevas cuando comencé a entablar amistades con personas de diferentes razas. Siempre es fascinante desarrollar el vocabulario y aprender palabras nuevas.

Las opiniones políticas dividen a muchas personas. Las personas que provienen de diferentes orígenes raciales muchas veces tienen diferentes puntos de vista políticos. Si te criaste en una familia republicana, te preguntarás cómo alguien podría ser demócrata. Lo mismo es cierto para quienes se criaron en una familia que siempre votó por el partido demócrata. Sin embargo, cuando se hacen amigos, pueden hablar libremente el uno con el otro de la razón de sus puntos de vista políticos, y pueden llegar a entender la perspectiva del otro en lugar de discutir o rechazar al otro. **Los amigos pueden tener diferentes perspectivas sobre muchos temas, pero no deben**

permitir que sus diferencias los dividan. Los amigos están comprometidos con el bienestar del otro. Pueden debatir sobre ciertos asuntos y compartir puntos de vista, incluso estar en desacuerdo y seguir comprometidos a ayudarse mutuamente.

Las amistades también amplían la experiencia de uno. Yo (Gary) nunca olvidaré la primera vez que vi una piñata. Estaba en Honduras con un amigo mío. Me pareció fascinante ver cómo la gente tomaba palos y golpeaba la piñata a la espera de que se cayeran los dulces. Pronto me uní a ellos en la emoción. Fue una experiencia nueva para mí, una que nunca olvidaré y que aún disfruto. Cuando estuve en Brasil, vi por primera vez casas flotantes, literalmente, construidas sobre el río. La casa sube y baja a medida que el río sube y baja. Vi por primera vez un bote escolar, similar a un autobús escolar, pintado del típico color amarillo brillante, que se detenía en las casas del río para recoger a los niños y llevarlos a la escuela. Fue una experiencia fascinante que siempre recordaré.

Muchas veces hemos discutido entre nosotros si las relaciones raciales en Estados Unidos mejorarán o no. No podemos responder a esa pregunta. Sin embargo, creemos que, si sucede, será progresivamente, por medio de la amistad. Te instamos a tomar la sabia decisión de ser valiente y no juzgar a las personas por su aspecto. **El color de la piel y el color del cabello son aspectos externos.** Nunca debemos olvidar que todos los seres humanos hemos sido creados iguales. Sin duda, tenemos diferencias, pero nuestras diferencias nunca deberían dividirnos, más bien, deberían enriquecer nuestras vidas.

Pregúntate...

1. ¿Te sentiste maltratado o ignorado por ser diferente de los demás?

2. ¿Tienes amigos de diferente cultura? Si es así, ¿cómo nació esa amistad? ¿Qué aprendiste de tu amigo transcultural? ¿Eres una mejor persona debido a esa amistad? ¿Cómo?

3. ¿Te cuesta aceptar a personas diferentes a ti? Si es así, ¿por qué? ¿Por qué crees que las personas prejuzgan a los demás?

4. ¿Conoces un idioma extranjero? ¿Tuviste la oportunidad de hablar ese idioma extranjero a un nativo de tal idioma? Si es así, ¿cuál fue su respuesta hacia ti?

5. ¿Alguna vez te sacrificaste para ayudar a un amigo o persona de una cultura diferente?

6. ¿Aceptarás nuestro desafío de recordar que todas las personas son creadas iguales? ¿Y te negarás a discriminar a alguien por ser diferente a ti?

DECISIÓN SABIA #10

DEDICA TIEMPO A AYUDAR A OTROS

Todos pasaremos nuestra vida haciendo algo. Lo que hagamos enriquecerá la vida de alguien o le causará un profundo dolor. Ambos hemos escuchado a muchas madres llorar por lo que hicieron sus hijos, motivo por el cual están en la cárcel. También hemos escuchado a esos hijos hablarnos de su propio dolor. Un joven de diecisiete años dijo: "No quise lastimar a nadie. Sabía que no debía beber y conducir; pero lo hice, y ahora esa persona está muerta. No sé cómo puedo perdonarme por lo que hice". Ese joven no tenía la intención de causar dolor a nadie, pero lo hizo. Todo lo que hacemos tiene un efecto positivo o negativo en los demás.

Como seres humanos, todos somos egocéntricos. En nuestra mente, el mundo gira a nuestro alrededor. Eso puede ser bueno si te preocupas por ti y cuidas de tu cuerpo, haces ejercicio, comes bien y duermes lo suficiente. Sin embargo, si piensas *demasiado* en ti mismo, eso puede conducirte al egoísmo. Cuando nos volvemos egoístas, solo pensamos en el beneficio que podemos sacar de la vida de otros. Esa actitud puede llevarnos a lastimar a otros en un esfuerzo por ser felices. Cuanto más vivamos con esa actitud, a más personas dañaremos. Finalmente, lamentaremos lo que hemos hecho.

La buena noticia es que la actitud se elige. Podemos elegir el egoísmo o amar y cuidar a los demás. Cuando elegimos una actitud de amor, buscaremos formas de ayudar a otros y, al hacerlo, sentiremos una gran satisfacción. Albert Schweitzer eligió una actitud de amor. Fue un médico que decidió dedicar su vida, no a ganar dinero, sino a ir a África y ayudar a miles de personas con poco acceso a una asistencia médica. Cerca del final de su vida fue galardonado con el Premio Nobel de la Paz. Al recibir el galardón, dijo: "Los únicos entre ustedes que serán realmente felices son aquellos que hayan buscado y encontrado cómo servir".[1]

Estamos totalmente de acuerdo con Albert Schweitzer. Ambos, como consejeros matrimoniales y familiares, hemos dedicado nuestras vidas a tratar de ayudar a los esposos y esposas a aprender a amarse uno al otro y amar a sus hijos. Hemos pasado horas escuchando a personas expresar su profundo dolor por lo que otros les han hecho. Nuestro objetivo es ayudarlas a superar esas dolorosas experiencias. En lugar de tratar de hacer sufrir a las personas por lo que han hecho, instamos a las personas a que dediquen sus vidas a ayudar a los demás. Cuando devolvemos mal por mal, cuando lastimamos a aquellos que nos han lastimado, hacemos que el mundo sea aún más oscuro. Sin embargo, si devolvemos bien por mal, hacemos del mundo un lugar mejor. Ambos hemos estado en África y en muchas otras naciones que necesitan el mensaje del poder del amor para cambiar el mundo. Ambos hemos encontrado esa verdadera felicidad de la que habló el Dr. Schweitzer. Este es nuestro deseo para ti.

Eres joven. Tienes todo el mundo por delante. La actitud que elijas determinará a qué dedicarás tu vida. Puedes devolver odio por odio o puedes elegir amar. **Puedes tomar decisiones que lastimen a otros o decisiones que ayuden a otros.** Por eso tenemos mucha esperanza de que tomes la sabia decisión de dedicar tu vida a ayudar a otros.

Yo (Clarence) debo admitir que servir a los demás fue un concepto extraño para mí hasta los veinte años, sin hogar y sin una fuente de ingresos debido a mi egoísmo, pereza y orgullo. Recuerda que abandoné la universidad debido a mi arrogancia al tratar de burlar el sistema.

Mi fracaso: el secreto de mi éxito

Afortunadamente, un amigo de la universidad pidió al Centro de Jóvenes Evangélicos de Chicago que me contratara. El centro juvenil estaba ubicado en una zona de Chicago donde vivían muchas personas sin hogar. Luchaban contra la adicción al alcohol y las drogas, y lo habían perdido todo. El centro juvenil era un antiguo almacén. Algunos hombres de negocios lo habían renovado como un lugar seguro para los jóvenes negros que no tenían a dónde ir. El liderazgo me contrató por treinta dólares por semana, que incluía una habitación en el vestuario del centro. Mi trabajo consistía en entrenar en baloncesto a chicos y chicas de secundaria y dirigir el programa Awana.

Descubre las claves del éxito en la vida

Mi nuevo puesto me dio autoridad sobre los chicos. Sin embargo, al mismo tiempo, los chicos se relacionaban fácilmente conmigo porque era joven y bueno en baloncesto. Trabajar con estos chicos me abrió los ojos a la dura vida que muchos de ellos experimentaban fuera del centro. Para muchos, el centro era un santuario momentáneo en medio de la vida real. Asistían aproximadamente quinientos chicos al centro juvenil cada semana. Estaba abierto de lunes a viernes. Era un lugar seguro: no se permitía la intimidación, peleas o blasfemias. ¡Estos chicos, muchos de hogares monoparentales, eran increíbles y estaban totalmente llenos de vida! Casi nadie tenía una actitud de derrota.

Al poco tiempo comencé a hacer más de lo que mi trabajo requería. Estos chicos y chicas se sentían como si fueran mis hermanos y hermanas menores. Absorbían mi amor por ellos como esponjas. Cuando surgía la oportunidad, les enseñaba lecciones de vida. Por ejemplo, dos jóvenes de quince años de barrios rivales entraron en una discusión que estaba a punto de volverse violenta. Uno estaba a punto de golpear al otro con un palo de billar. Me interpuse entre ellos. Los senté a ambos para explicarles las consecuencias de pelearse: que a largo plazo nadie gana porque aquel que pierde la pelea por lo general quiere venganza, y luego estos altercados físicos aumentan y, con demasiada frecuencia, alguien pierde la vida. A ninguno de los dos les gustó la idea de morir por un desacuerdo tonto, por lo que se hicieron amigos, ¡una decisión inteligente! El joven que había agarrado el palo de billar fue suspendido del centro juvenil por tres días. Al regreso de su suspensión era un chico más feliz.

Los viernes por la noche, el equipo de chicos pasaba la noche en el centro, y luego los llevaba al juego los sábados por la mañana. Todos los viernes por la noche íbamos a mi pizzería favorita. No tenía mucho dinero, pero compraba pizza y refrescos para todos los chicos. Para disfrutar de esta experiencia, los chicos tenían que completar sus lecciones de vida antes del viernes por la noche.

Todos los chicos de doce a catorce años querían estar en este equipo. Lo más difícil que tuve que hacer fue dejar fuera del equipo a chicos durante las pruebas. Estuve allí más de un año, y algunos que no se clasificaron el primer año lo lograron el segundo año. Esa fue una de las lecciones de vida que traté de enseñar: cuando las cosas no te salgan bien en tu primer intento, no te rindas. Thomas Edison intentó crear la bombilla eléctrica, pero tuvo que hacer más de diez mil intentos antes de ver la luz. Cuando le preguntaron sobre ese "fracaso" y por qué nunca se dio por vencido, dijo: "No he fracasado. Solo encontré diez mil formas en que no funciona".[2] Debes aprender a trabajar con más esfuerzo e inteligencia, si es algo que realmente quieres. Para muchos de los jóvenes, me convertí en su hermano mayor. No tenía un hermano menor, por lo que estas relaciones también se volvieron especiales para mí. Pensé que estaba ayudando a los chicos, pero, en realidad, ellos también me estaban ayudando. Me estaban enseñando a ser menos egoísta y a aprender a cuidar de los demás, en especial de los menos afortunados que yo. Aunque solo ganaba treinta dólares por semana, era increíblemente rico en mis relaciones.

Mientras trabajaba en el centro juvenil, había otro miembro del personal que vivía en las instalaciones; era un veterano de la guerra de Vietnam. Él era un hombre increíble y podría haber trabajado en cualquier otro lugar, pero eligió trabajar como conserje en el centro para ayudar a los chicos. También se convirtió en un hermano mayor para mí. Su humildad y su ejemplo de servicio fue toda una lección de vida.

Han pasado muchos años desde que trabajé en el centro juvenil. He tenido el placer de ver a algunos de esos chicos ya adultos. Muchos se han vuelto muy exitosos en la vida, se casaron, tuvieron hijos, se graduaron, son pastores, profesores universitarios, personalidades de los medios y más. Uno de los chicos de doce años que no se había clasificado en las pruebas del primer año y que formó parte del equipo en el segundo año, ahora es un hombre de negocios exitoso. También entrena baloncesto masculino en la escuela secundaria y envía algunos a jugar en los *Big Ten*.

Algunos años después ocupé un puesto similar en el área de Washington, DC. Allí trabajaba con pobres y ricos. Algunos días llevaba a los pobres a los Servicios Sociales, y otros días estaba vestido con un traje de tres piezas y sentado con políticos. En ambos entornos busqué ayudar a otros.

Cuando yo (Gary) era niño, plantaron en mi mente semillas del amor al prójimo. Recuerdo que mi madre preparaba comidas para otros. Recuerdo que mi padre cortaba el césped de los vecinos cuando el padre de esa casa estaba en el hospital. Crecí en una iglesia que enfatizaba las enseñanzas de Jesús cuando dijo de sí mismo: "No vine a ser servido, sino a servir". Quienes conocieron más a Jesús dijeron de él que "anduvo haciendo bienes". Siempre he estado agradecido por el énfasis de ayudar a otros que fue parte de mis años de adolescencia.

Años más tarde, cuando tuve hijos, quería que aprendieran la satisfacción de servir a otros. Durante su adolescencia, los llevaba conmigo a rastrillar las hojas de la casa de ancianos que no podían hacerlo por sí mismos. Llamaba a la puerta y les decía: "Hola, soy Gary Chapman, y estoy tratando de enseñar a mis hijos a servir a otros. Nos gustaría rastrillar las hojas de su jardín, si nos dan permiso". La persona a veces ofrecía pagarnos. Yo decía que no. "No queremos que nos paguen. Solo queremos una oportunidad para ayudarles". Siempre expresaban su profundo agradecimiento.

Los sábados por la noche llevaba a mi hijo al centro de detención juvenil, y jugábamos al ping-pong con los adolescentes que estaban allí. A menudo expresaban sorpresa de que alguien fuera a pasar tiempo con ellos. Ahora, como hombre adulto, siento una enorme satisfacción al ver a mi hijo e hija dedicar sus vidas a ayudar a otros.

Una de las alegrías que experimentamos como consejeros es ayudar a las personas a cambiar sus vidas al eliminar patrones de comportamiento destructivos y conocer la alegría de servir a otros. Cuando vemos que dedican sus vidas a ayudar a otros, sabemos que el tiempo que pasamos con ellos en consejería realmente valió la pena. Algunos piensan que no tienen nada que ofrecer a otros, pero todos tenemos ciertos conocimientos y ciertas habilidades que podemos usar para ayudar a los demás.

Al considerar a qué adultos y compañeros puedes permitirles tener una gran influencia en tu vida, hazte esta pregunta: **¿esta persona sirve constantemente a los demás o solo busca servirse a sí misma?** Cuando utilizas la pauta del "servicio a los demás" para elegir a tus mentores y mejores amigos, puedes estar seguro de que serán una influencia positiva para ti y te motivarán a servir a los demás y hacer del mundo un lugar mejor gracias a tus mentores.

Cambia para mejor el mundo que te rodea

Creemos que la mayoría de las personas quiere recibir amor, y creemos que la mayoría de las personas responde positivamente cuando recibe un trato amable. Puedes ser un pacificador y alguien que influencia a otros tan solo al servir a los demás sin esperar algo a cambio. Literalmente, puedes cambiar tu mundo cuando dedicas tu vida a ayudar a otros.

Ayudar a otros es como pasar de la posición de escolta a una posición de base. Mientras que el escolta se centra, principalmente, en marcar tantos, el jugador de base debe velar por el bienestar de todo el equipo, mental y físicamente. Los buenos escoltas anteponen el éxito del equipo. La satisfacción de ayudar a otros a tener éxito siempre es más gratificante que la autopromoción.

Formas prácticas de servir

Una forma práctica de servir a los demás sería ayudar a un nuevo estudiante a acostumbrarse a la escuela. Otra opción sería presentar este nuevo estudiante a tus amigos. Ir a una nueva escuela puede ser, en sí, bastante inquietante, y es aún más difícil sin amigos.

Proponte deliberadamente ser amable con un chico no popular de la escuela. Tal vez puedas sentarte con él en el almuerzo (o invitarlo a sentarse contigo y tus amigos), caminar juntos por el pasillo, incluirlo cuando salgas con tus amigos o pedir a uno de tus amigos que también sea amable con él.

¿Hay alguien en tu vecindario, tal vez una persona mayor, a quien podrías ayudar de alguna manera? ¿Con algún trabajo de jardinería o alguna diligencia? Cuando estés ayudando a esta persona de la tercera edad, te sorprenderás de la sabiduría de vida que podrías recibir.

También puedes servir a tu padre o a tu madre al ayudar en casa. Sé que es un pensamiento aterrador, porque tus padres podrían esperar que ayudes; pero piensa que tu servicio puede sorprender, complacer y ayudar a alguien que amas mucho.

Si tienes hermanos, también podrías servirles. Aunque, ¡tus hermanos quizás se desmayen por la sorpresa!

Si te tomas un momento, tal vez puedas pensar en muchas formas prácticas de servir a quienes te rodean.

Nuestra cultura a menudo comunica que el éxito se encuentra en ser rico y famoso. Sin embargo, si ese es tu objetivo, ten cuidado: **no hay riqueza ni fama que puedan brindarte una satisfacción duradera.** No hay nada de malo en ganar dinero ni nada de malo en ser famoso; pero estas no son las cosas que traen más felicidad a la vida. En realidad, la felicidad se encuentra en servir a otros. Si te vuelves rico y/o famoso, nuestro desafío es que utilices tu riqueza y tu fama para ayudar a los demás.

PREGÚNTATE...

1. **¿Qué opinas de este concepto de servir a los demás para encontrar más sentido a tu propia vida?**
2. **¿Alguna vez te sientes tentado a ser egoísta? ¿Qué dirían tus padres? Si tienes hermanos, ¿qué dirían? ¿Y por qué?**

3. **¿Alguna vez serviste a alguien que no podía pagarte? Si lo hiciste, ¿cómo te sentiste al servirle?**

4. **¿Se te ocurre alguna persona a quien puedas servir? ¿Considerarías ayudar a alguien esta semana?**

5. **¿En qué crees que tu escuela sería mejor si más personas se enfocaran en servir a otros?**

6. **¿Qué efecto crees que tendría en ti ayudar a los demás?**

DECISIÓN SABIA #11

DESCUBRE LA VERDAD ACERCA DE DIOS

¿Realmente importa lo que una persona crea acerca de Dios? Creemos que es muy importante. Hay muchas religiones en el mundo, pero no todas pueden ser verdad por una simple razón: sus creencias a menudo se contradicen entre sí. Como seres humanos no elegimos el país donde nacemos, ni elegimos a nuestros padres. Por lo general, nuestros padres nos enseñan lo que creen que es verdad acerca de Dios. Debido a que confiamos en nuestros padres, tendemos a creer que lo que dicen es verdad. Sin embargo, en la adolescencia, cuando estamos desarrollando nuestra capacidad de pensar de manera lógica, comenzamos a preguntarnos si lo que nos enseñaron es realmente cierto. Finalmente, decidiremos creer lo que nuestros padres nos enseñaron o creer alguna otra opinión acerca de Dios.

Clarence y yo (Gary) tuvimos padres que nos llevaron a la iglesia cristiana todos los domingos. Nos enseñaron la visión cristiana de Dios. Creíamos que Dios era el Creador del cielo y de la tierra, que también creó la vida vegetal y la vida animal. Sin embargo, en lo que respecta a los seres humanos, nos creó a hombres y mujeres a su propia imagen, lo que significa que somos muy diferentes de los animales. Tenemos la capacidad de pensar, razonar, tomar decisiones y tener una relación con el Dios que nos creó. Nos enseñaron que Dios tenía un propósito para la existencia de cada persona, y que Él quiere que cumplamos su propósito en la tierra y que, después de morir, pasemos la eternidad con Él en un lugar llamado cielo.

Jesús "anduvo haciendo bienes"

Sin embargo, crecer en un hogar cristiano no nos hizo cristianos. Esa fue una decisión que cada uno tuvo que tomar de manera individual. Clarence tomó esa decisión a los dieciséis años de edad. Yo lo hice un poco antes. Nuestra decisión se basó principalmente en la vida y las enseñanzas de Jesús. Ningún hombre de la historia ha igualado la vida y las enseñanzas de Jesús. Un resumen en una sola oración de su vida dice que "anduvo haciendo bienes".[1] Sanó a los enfermos, abrió los ojos de los ciegos y los oídos de los sordos y resucitó a los muertos. Era más que un simple hombre, porque ningún hombre podía hacer lo que Él hacía. Aunque los soldados romanos lo mataron, dijo acerca de su vida: "Nadie me la quita, sino que yo de mí mismo la pongo" (Juan 10:18). Aquellos que lo asesinaron pensaron que estaban terminando con su vida; pero en realidad, tres días después que lo colocaran en la tumba, resucitó y apareció durante casi cuarenta días a más de quinientas personas. A todos los que creían en Él, les prometió que ellos también vivirían más allá de la tumba.

Los dos estábamos cautivados por la vida de Jesús, sus enseñanzas, su muerte y su resurrección. Nos convertimos en seguidores de Jesús. Fue la decisión más sabia que hemos tomado. Al estudiar su vida y sus enseñanzas, hemos adquirido una gran sabiduría, una sabiduría que nos ha ayudado a tomar cada decisión en la vida. Sabiduría que nos ha dado un propósito para vivir. La sabiduría nos motiva a seguir dedicando nuestras vidas a ayudar a otros.

Sabemos que hay muchas religiones en el mundo. Esto evidencia la realidad de que, en lo profundo del corazón y la mente humanos, existe la creencia de que hay algo más allá del mundo físico, algo más allá de lo que se puede ver, tocar y sentir. La religión es el intento del hombre por encontrar ese mundo sobrenatural.

La mayoría de las religiones del mundo tiene una característica común. Las religiones han desarrollado un sistema de lo que uno debe hacer para obtener sabiduría sobrenatural. El cristianismo es muy diferente. El cristiano cree que Dios inicia una relación con nosotros, no que nosotros buscamos una relación con un dios desconocido. Dios, el Creador, nos alcanzó en la persona de Jesucristo, su Hijo. Cuando nos hacemos seguidores de Cristo, nos convertimos en hijos de Dios, y recibimos el perdón de todos nuestros pecados y el don de la vida eterna con Él. Es cierto que buscamos seguir las enseñanzas de Jesús en nuestro estilo de vida diario, pero no es para que Dios nos acepte. Él ya nos ha aceptado, y nuestro profundo deseo es complacerlo porque sabemos que, si seguimos sus enseñanzas, haremos el mayor bien a nuestras vidas.

En tu adolescencia, es probable que decidas qué creerás acerca de Dios, lo cual influirá en gran medida en el tipo de hombre que llegarás a ser. **Creemos que esta es la decisión más importante que tomarás,** y que afectará profundamente todas las demás decisiones que tomes en la vida. El autor y teólogo A. W. Tozer escribió una vez: "Lo que nos viene a la mente cuando pensamos en Dios es lo más importante de nosotros".[2]

Si deseas estudiar la visión cristiana de Dios, la forma más fácil es obtener una Biblia y leer los cuatro relatos de la vida, las enseñanzas, la muerte y la resurrección de Jesús. Son los libros del Nuevo Testamento: Mateo, Marcos, Lucas y Juan. Si deseas estudiar otras religiones del mundo y cómo se comparan con el cristianismo, lo cual creemos que es saludable, te recomendamos que lo hagas con un padre o un amigo de confianza. Puedes encontrar una descripción general en línea de estas religiones en www.cadaestudiante.com. Lo que tú crees acerca de Dios es una decisión personal que nadie puede imponerte, y creemos que es la decisión más importante que tomarás en la vida.

PREGÚNTATE...

1. **¿Crees que realmente importa lo que una persona cree acerca de Dios? ¿Por qué?**

2. **¿Qué creen tu padre o tu madre sobre Dios? ¿Estarías dispuesto a hablar con ellos sobre eso?**

3. **¿Tienes un ejemplar de la Biblia? Si no, ¿le pedirías a tus padres o alguien de confianza que te dé una?**

4. **¿Estarías dispuesto a leer sobre la vida y las enseñanzas de Jesús que se encuentran en los Evangelios de Mateo, Marcos, Lucas y Juan en la Biblia?**

5. **Si lees los Evangelios, haz una lista de las cosas que Jesús enseñó que debemos hacer. Haz otra lista de las cosas que enseñó que no debemos hacer.**

6. **Las enseñanzas de Jesús nos fueron dadas porque Él nos ama y quiere que tengamos una vida extraordinaria. ¿Tomarás la decisión de seguir sus enseñanzas?**

CONCLUSIÓN

PREGUNTAS ÚTILES PARA TOMAR DECISIONES SABIAS

Hemos abordado once decisiones importantes que tomarás como joven. Te hemos dado razones por las cuales creemos que estas decisiones son muy importantes. **Queremos que tengas una vida extraordinaria.** Queremos que alcances tu potencial para el bien del mundo. Estas decisiones son la base de una vida productiva y llena de significado.

Sin embargo, tomarás cientos de otras decisiones en los próximos años. Las decisiones son una parte necesaria de la vida. Cada día tomas decenas de ellas. Algunas de estas decisiones son simples, como: "¿Qué ropa me pondré hoy?". Otras tendrán consecuencias mucho mayores, como: "¿Subiré a un automóvil si sé que el conductor está drogado?".

Por lo tanto, pensamos que sería útil brindarte una lista de preguntas que puedes hacerte ante una decisión difícil. Lee estas preguntas hasta que se conviertan en parte de tu proceso de pensamiento normal, y creemos que terminarás tomando decisiones valientes y sabias.

- ¿Tendrá esto un efecto negativo o positivo en mi salud?
- ¿Cómo afectará esto mi capacidad de pensar con claridad?

- ¿Cómo afectará esta decisión a mis padres u otros adultos que me aman?
- ¿Esta decisión es ilegal?
- ¿Esta decisión es moralmente correcta o incorrecta?
- ¿Cómo afectará esta decisión a mis hermanos?
- ¿Me estoy dejando influenciar por otros para hacer algo que realmente no quiero hacer?
- ¿Defenderé lo que sé que es correcto en lugar de ceder ante la presión de los demás?
- ¿Cómo afectará esta decisión a mi educación futura?
- ¿Es esta decisión consecuente con lo que creo acerca de Dios?
- ¿Me alegraré de haber tomado esta decisión dentro de cinco años?
- ¿Esta decisión me ayuda a convertirme en la persona que quiero ser?

Estas preguntas te ayudarán a evaluar las consecuencias de tus decisiones. Cada decisión tiene consecuencias, buenas o malas. Queremos que experimentes el beneficio de tomar decisiones sabias.

Tal vez haya personas que busquen persuadirte para que hagas cosas que tú sabes que no son sabias. Esperamos que tengas el valor de hacer lo correcto, bueno e íntegro, y no permitir que otros te guíen por el mal camino.

Esperamos que hayas experimentado el beneficio de leer este libro con tu padre o un adulto de confianza. Si es así, esperamos que recurras a ellos cuando necesites ayuda para tomar una decisión acertada. Te recordamos otra vez que las decisiones que tomes ahora determinarán, en gran medida, la calidad de vida que tendrás como adulto.

Creemos en ti. Te vemos como una persona de gran valor. Esperamos algún día ver algunas de las cosas buenas que lograrás en la vida. Creemos que puedes tener una VIDA EXTRAORDINARIA.

Reconocimientos

Estamos profundamente agradecidos por nuestros padres, que dedicaron mucho esfuerzo a alentarnos a tomar decisiones sabias. También apreciamos a nuestros maestros de escuela, que nos instaron a buscar el conocimiento antes de tomar decisiones.

Como siempre, al equipo de Northfield Publishing, Betsey Newenhuyse, Randall Payleitner, John Hinkley y otros, que ayudaron a pulir nuestro énfasis. Gracias a Michael DiMarco por su asistencia editorial de incalculable valor.

Notas

Introducción

1. Deborah Tannen, *The Argument Culture: Stopping America's War of Words* (Nueva York: Ballantine Books, 1999). Publicado en español por Paidós Ibérica Ediciones S. A.con el título *La cultura de la polémica: Del enfrentamiento al diálogo.*

Decisión sabia #1: Busca la sabiduría de tus padres o adultos de confianza

1. William Pollack, *Real Boys: Rescuing Our Sons from the Myths of Boyhood* (Nueva York: Random House, 1998). Publicado en español por Editorial Amat con el título *Comprender y ayudar a los chicos de hoy: Cómo potenciar las cualidades de los futuros adultos.*

2. Leer más en Roger Clegg, "Latest Statistics on Out-of-Wedlock Births", *National Review,* 11 de octubre de 2013, http://www.nationalreview.com/corner/360990/latest-statisticsout-wedlock-births-roger-clegg.

3. "Statistics", The Fatherless Generation, https://thefatherlessgeneration.wordpress.com/statistics/.

4. David Leonhardt, "A one-question quiz on the poverty trap", *New York Times,* 4 de octubre de 2018, https://www.nytimes.com/2018/10/04/opinion/child-poverty-family-income-neighborhood.html.

Decisión sabia #2:
Busca el conocimiento a través de la educación

1. Ben Carson, *Gifted Hands: The Ben Carson Story* (Grand Rapids: Zondervan, 1996). Publicado en español por Asociación Casa Editora Sudamericana con el título *Manos consagradas: la historia de Ben Carson.*

2. "Weekly earnings by educational attainment in second quarter 2018", Bureau of Labor Statistics, U.S. Department of Labor, *The Economics Daily*, 20 de julio de 2018, https://www.bls.gov/opub/ted/2018/weekly-earnings-by-educational-attainment-in-second-quarter-2018.htm.

3. "Unemployment rate 2.5 percent for college grads, 7.7 percent for high school dropouts, January 2017", Bureau of Labor Statistics, U.S. Department of Labor, *The Economics Daily*, 7 de febrero de 2017, https://www.bls.gov/opub/ted/2017/unemployment-rate-2-point-5-percent-for-college-grads-7-point-7-percent-for-highschool-dropouts-january-2017.htm.

4. "High School Dropouts in Chicago and Illinois: The Growing Labor Market, Income, Civic, Social and Fiscal Costs of Dropping Out of High School", preparado por Andrew Sum *et ál.*, Center for Labor Market Studies, Northeastern University, noviembre de 2011, https://repository.library.northeastern.edu/downloads/neu:376384?datastream_id=content.

Decisión sabia #3:
Haz que la tecnología sea útil para ti

1. "FAQs", Net Addiction, netaddiction.com/faqs.

2. Ben Carson, BrainyQuote, https://www.brainyquote.com/quotes/ben_carson_490191.

3. Thomas Edison, citado en Kevin Daum, "37 Quotes From Thomas Edison That Will Inspire Success", Inc., 11 de febrero de 2016, https://www.inc.com/kevin-daum/37-quotes-from-thomas-edison-that-will-bring-out-your-best.html.

Decisión sabia #4:
Busca el éxito: trabaja duro

1. Abraham Lincoln, citado en Russ Crosson, *Your Life... Well Spent* (Eugene, OR: Harvest House Publishers, 2012), p. 149.

Decisión sabia #6:
Sé responsable en tu vida sexual

1. Gail Bolan, "Foreword", "2016 Sexually Transmitted Diseases Surveillance", Centers for Disease Control and Prevention, última revisión del 26 de septiembre de 2017, https://www.cdc.gov/std/stats16/foreword.htm.
2. "CDC Fact Sheet: Information for Teens and Young Adults: Staying Healthy and Preventing STDs", Centers for Disease Control and Prevention, última actualización del 5 de diciembre de 2017, https://www.cdc.gov/std/life-stages-populations/stdfact-teens.htm.
3. "HIV Among Youth in the US", Centers for Disease Control and Prevention, noviembre de 2012, última actualización del 8 de enero de 2013, https://www.cdc.gov/vitalsigns/hivamongyouth/index.html.
4. "Syphilis - CDC Fact Sheet", Centers for Disease Control and Prevention, última actualización del 13 de junio de 2017, https://www.cdc.gov/std/syphilis/stdfact-syphilis.htm.
5. "Gonorrhea - CDC Fact Sheet", Centers for Disease Control and Prevention, última actualización del 4 de octubre de 2017,

https://www.cdc.gov/std/gonorrhea/stdfact-gonorrhea.htm.

6. "Genital HPV Infection - Fact Sheet", Centers for Disease Control and Prevention, última actualización del 16 de noviembre de 2017, https://www.cdc.gov/std/hpv/stdfact-hpv.htm.

7. "Genital Herpes - CDC Fact Sheet", Centers for Disease Control and Prevention, última actualización 1 de septiembre de 2017, https://www.cdc.gov/std/herpes/stdfact-herpes.htm.

8. "Adolescents and Young Adults", Centers for Disease Control and Prevention, última actualización del 8 de diciembre de 2017, https://www.cdc.gov/std/life-stages-populations/adolescents-youngadults.htm.

9. "CDC Fact Sheet: Information for Teens and Young Adults: Staying Healthy and Preventing STDs", Centers for Disease Control and Prevention, última actualización del 5 de diciembre de 2017, https://www.cdc.gov/std/life-stages-populations/stdfact-teens.htm.

Decisión sabia #8:
Vive cada vez más feliz: Parte B: Evita el tabaco y la marihuana

1. "Important facts on teen smoking", Step Up of St. Louis, https://www.stepupstl.org/resources.

2. "Short and Long Term Effects", www2.courtinfo.ca.gov/stopteendui/teens/resources/substances/marijuana/short-and-long-term-effects.cfm.

3. Bill Briggs, "Colorado Marijuana Study Finds Legal Weed Contains Potent THC Levels", CNBC, 23 de marzo de 2015,

https://www.cnbc.com/2015/03/23/colorado-marijuana-study-finds-legal-weed-contains-potent-thc-levels.html.

Decisión sabia #10: Dedica tiempo a ayudar a otros

1. Albert Schweitzer, BrainyQuote, https://www.brainyquote.com/quotes/albert_schweitzer_387027.
2. Thomas Edison, BrainyQuote, https://www.brainyquote.com/quotes/thomas_a_edison_132683.

Decisión sabia #11: Descubre la verdad acerca de Dios

1. Hechos 10:38.
2. A. W. Tozer, *The Knowledge of the Holy* (Nueva York: Harper Collins, 1978), 1. Publicado en español por Editorial Vida con el título *El conocimiento del Dios santo.*

Acerca de los autores

Gary Chapman es escritor, orador y consejero, y siente pasión por ayudar a los jóvenes a alcanzar su potencial. Es el autor de éxitos de ventas como la serie *Los 5 lenguajes del amor*, y editor general de la *Biblia devocional: Los lenguajes del amor*. Gary viaja por el mundo presentando seminarios, y sus programas de radio se transmiten en más de 400 emisoras.

Clarence Shuler, como presidente de Building Lasting Relationships, interactúa internacionalmente con jóvenes ofreciendo consejos sobre amistades, citas y sexualidad. Es orador en las conferencias de Iron Sharpens Iron y en las capillas de la Liga de Fútbol Nacional (NFL). Clarence es un consultor intercultural para iglesias, corporaciones y el ejército.

¡QUIERO VIVIR UNA VIDA EXTRAORDINARIA!

Buscaré la sabiduría de mis padres o adultos de confianza.

Buscaré el conocimiento a través de la educación.

Haré que la tecnología sea útil para mí.

Buscaré el éxito: trabajaré duro.

Respetaré a las chicas y las mujeres.

Seré sexualmente responsable.

Viviré cada vez más feliz.

Desarrollaré amistades heterogéneas.

Dedicaré tiempo a ayudar a otros.

Descubriré la verdad acerca de Dios.

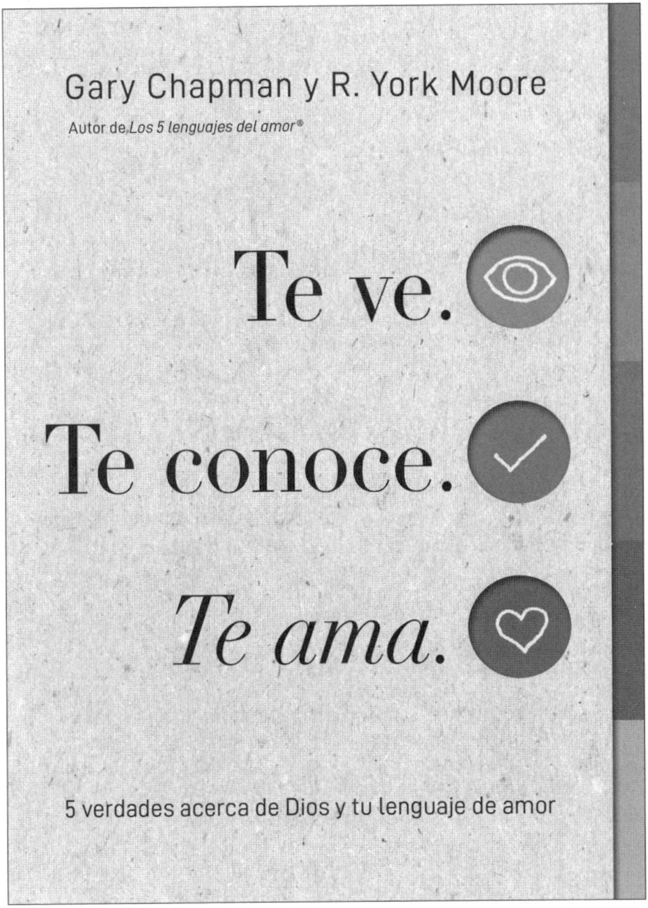

En un mundo de creencias variadas y oportunidades infinitas, determinar cómo pasar nuestras vidas puede parecer imposible. E incluso más difícil que encontrar una dirección puede ser encontrar un significado. Quizás sepamos lo que más nos interesa, pero ¿cómo sabemos si tiene un propósito?

Estos anhelos están arraigados en nuestro deseo de sentir la presencia de Dios en nuestras vidas, que comienza cuando sabemos cómo se comunica con nosotros. *Te ve. Te conoce. Te ama.* examina cómo Dios, el Creador del universo, se comunica íntimamente con cada uno de su pueblo.

EDITORIAL
PORTAVOZ

NUESTRA VISIÓN

Maximizar el efecto de recursos cristianos de calidad que transforman vidas.

NUESTRA MISIÓN

Desarrollar y distribuir productos de calidad —con integridad y excelencia—, desde una perspectiva bíblica y confiable, que animen a las personas a conocer y servir a Jesucristo.

NUESTROS VALORES

Nuestros valores se encuentran fundamentados en la Biblia, fuente de toda verdad para hoy y para siempre. Nosotros ponemos en práctica estas verdades bíblicas como fundamento para las decisiones, normas y productos de nuestra compañía.

Valoramos la excelencia y la calidad.
Valoramos la integridad y la confianza.
Valoramos el mérito y la dignidad de los individuos y las relaciones.
Valoramos el servicio.
Valoramos la administración de los recursos.

Para más información acerca de nuestra editorial y los productos que publicamos visite nuestra página en la red: www.portavoz.com.